RENLEI

LUXINGSHI SHANG

WEIDA DE MAOXIAN

人类
旅行史上
伟大的冒险

本书编写组◎编

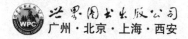

世界图书出版公司

广州·北京·上海·西安

图书在版编目（CIP）数据

人类旅行史上伟大的冒险／《人类旅行史上伟大的冒险》编写组编．—广州：广东世界图书出版公司，2010.4（2024.2重印）

ISBN 978－7－5100－2040－7

Ⅰ．①人… Ⅱ．①人… Ⅲ．①旅游－历史－世界－青少年读物 Ⅳ．①F591.9－49

中国版本图书馆 CIP 数据核字（2010）第 052735 号

书　　名	人类旅行史上伟大的冒险	
	RENLEI LVXINGSHI SHANG WEIDA DE MAOXIAN	
编　　者	《人类旅行史上伟大的冒险》编写组	
责任编辑	柯绵丽	
装帧设计	三棵树设计工作组	
出版发行	世界图书出版有限公司　世界图书出版广东有限公司	
地　　址	广州市海珠区新港西路大江冲 25 号	
邮　　编	510300	
电　　话	020-84452179	
网　　址	http://www.gdst.com.cn	
邮　　箱	wpc_gdst@163.com	
经　　销	新华书店	
印　　刷	唐山富达印务有限公司	
开　　本	787mm×1092mm　1/16	
印　　张	10	
字　　数	120 千字	
版　　次	2010 年 4 月第 1 版　2024 年 2 月第 10 次印刷	
国际书号	ISBN　978-7-5100-2040-7	
定　　价	48.00 元	

前　　言

据说，英国登山探险家希拉里首次登上珠穆朗玛峰后，有人不解地问他："你为什么登山?"希拉里风趣地回答："因为山在那里。"是啊，对于登山探险者来说，山是一种无法抗拒的召唤，他把登山运动作为自己的崇高事业，全力以赴。

《现代汉语词典》将"探险"定义为：到从来没有人去过或很少有人去过的艰险地方去考察、寻究自然界情况的活动。从其行为定性而言，带有对未知危险程度和风险发生概率的自然环境和现象进行主动寻究、考察的特征，是明知有危险却主动去探究的自我冒险行为。没有感受过那痛快淋漓的滋味，谁又能断定那种痛快根本算不了什么呢? 没有尝试过探险，谁又能对探险的意义妄自菲薄呢?

至于探险的意义，不管是出于个人的内在追求，还是出于工作的需要，科考的目的，甚至是为了寻金觅宝，这样一种行为，本身就具有不同寻常的意义。这是对人类探求未知世界的原始冲动的继承与发扬，也是促进人类文明向前发展的内在动力。可以说没有一种探险求索的精神，人类文明是不会发展到今天的。而一部文明史，往往首先就是一部探险求索的历史。

其实，培养探险精神对于一个人、一个民族都有积极意义。一个具备探险精神的人，会不断寻求新的征服目标，不断追求人生的境界和高度；一个富有探险精神的民族，会不断向前发展，不断创造新的历史奇迹。相反，一个人、一个民族如果没有探险精神，就不会有什么前途。

在这方面很典型的例子是葡萄牙的亨利王子和西班牙的哥伦布，如果没有像他们一样的航海家扬帆出海探险，葡萄牙和西班牙不可能有那么多的新发现，积累那么多的财富，成为当时世界上两个海上霸主。

当然不可否认，哥伦布等人的探险活动是为了寻找财富，进行殖民扩张，扩大国家的版图，但是他们在此过程中完成的地理大发现，却是非常了不起的。如果没有他们这些地球先行者，七大洲、五大洋以及海洋上的无数岛屿就不可能被发现，它们之间也就不可能有联系，要知道从15世纪开始的"地理大发现"之前，世界是分割并且孤立的，每一个不论大小国家的人都以为自己是世界的中心甚至是地球上唯一的人类。正是这些探险家成为了新历史的拉幕人。

了解古今中外人类旅行史上的探险活动，能够扩大我们的眼界，鼓舞我们的斗志，激励我们的精神，启迪我们的人生。

为此我们编写了这本《人类旅行史上伟大的冒险》，分为地理发现篇、漫游江海篇、征服绝顶篇、飞身太空篇四个部分。需要强调的是，在人类旅行史上，最伟大的冒险，有很多是发生在海洋上，特别是"地理大发现"，对人类历史的发展有重大意义。为此我们单列了一章，不过内容不限于15～18世纪的"地理大发现"，而是包括了15世纪以前的"地理发现"。

在漫漫的历史长河中，探险家和探险活动不计其数，我们尽量选取在人类旅行史有重大影响的探险家或探险活动。由于编者的眼界和水平有限，遗漏或错误之处在所难免，希望读者谅解并指正。

目 录
Contents

地理发现篇

腓尼基人发现南欧 ……………… 1

毕菲发现不列颠群岛 …………… 4

罗马人发现西欧 ………………… 6

罗马人发现中欧 ………………… 8

罗马人发现尼罗河 ……………… 10

向大洋挑战的亨利 ……………… 12

寻找神话中的游离岛 …………… 15

俄罗斯人发现北欧 ……………… 18

迪亚斯发现好望角 ……………… 20

哥伦布的大发现 ………………… 23

平松发现巴西 …………………… 35

印度航线的开拓者伽马 ………… 37

巴尔波亚发现太平洋 …………… 41

格里哈利巴发现墨西哥 ………… 43

麦哲伦的环球之行 ……………… 45

皮萨罗寻宝黄金国 ……………… 51

维拉察诺发现北美东部海岸 …… 57

明达尼亚发现所罗门群岛 ……… 59

漫游江海篇

鉴真东渡传法 …………………… 61

郑和七下西洋 …………………… 65

库克的三次考察之旅 …………… 70

澳大利亚的由来 ………………… 77

环球海洋科考处女行 …………… 81

单身环球航行第一人 …………… 85

"太阳神"三漂大洋 …………… 88

潜入世上最深的海底 …………… 98

首位"入住"海底的人 ……… 101

第一个单独划船横渡大西

洋的人 ……………………… 106

长江漂流第一人 ……………… 110

征服绝顶篇

攀登阿尔卑斯山热 …………… 113

笑傲贡嘎雪山之巅 …………… 118

征服世界最高峰 ……………… 124

只身登上珠穆朗玛峰 ………… 128

飞向太空篇

太空旅行第一人 ……………… 133

月亮之上第一游 ……………… 141

中国飞天第一人 ……………… 150

地理发现篇

地理发现篇

腓尼基人发现南欧

  腓尼基是地中海东岸的一个国家，位于大海与黎巴嫩山脉镶嵌的狭窄地带，黎巴嫩山脉几乎与海岸线是平行的。由于腓尼基地处埃及与巴比伦两大古代强国之间，所以它在政治上隶属于这个或那个强国，在经济上与这两大强国保持着密切的联系，并在两大强国之间扮演着中间商的角色，腓尼基人早在有历史记载的年代里就是一个从事农耕的民族。从人们不曾记起的年代开始，腓尼基就向邻近的国家出口酒和橄榄油，其干鱼的出口同样占有很重要的地位。随着埃及和巴比伦的发展壮大，腓尼基人开始向他们提供建筑木材——一种珍贵的黎巴嫩雪松。

  埃及和巴比伦需要黄金和有色金属，特别需要铜和锡（用于制作青铜品），腓尼基人在获取这些商品和追捕黑奴的同时，开始了远离自己海岸的航行。如同埃及人一样，他们建造了巨型桨船。这种桨船在顺风时能扬帆航驶，船上的桨手是奴隶。腓尼基人在他们的港口和森林业中使用奴隶劳动，在沿海的金属矿场上也用奴隶做劳动力。腓尼基人的社会变成了奴隶制社会，这种社会需要补充更多的新奴隶，因此腓尼基人渴望航行到沿海的"野蛮"国家。在海上商业贸易中，腓尼基城邦国家彼布尔、西顿和推罗发挥过特别重要的作用。

  现在还不清楚，是腓尼基人发现了塞浦路斯岛，还是在他们到达以前埃及人已经发现了这个海岛。然而腓尼基人早在公元前 2000 年已经在塞浦路斯岛建立起一些殖民地，并把该岛作为向"日落之大海"（地中海）的中部和西部海域航行的基地。不管怎么说，腓尼基人不迟于公元前 2000 年中期已经抵达克里特岛，那个时期克里特岛已经具有高度发展的文明。他们利用克里特岛作为跳板向西继续推进，从而开始发现欧洲大陆。

腓尼基人从希腊群岛出发，航行到巴尔于半岛的南岸地区。他们穿过爱奥尼亚海与上部海（亚得里亚海）之间的海峡，绕过亚平宁半岛的南部海角，这些海角后来被称为阿布里亚和卡拉布里亚。腓尼基人发现了西西里岛，并在该岛上建立了几座城市。他们还发现了撒丁岛，并在该岛的南岸建起了

西西里岛

一座名叫卡利阿里（古代的卡拉利斯）的城市，还发现了巴利阿里群岛。他们大概去过科西嘉岛，但是未把这个岛变成殖民地。稍后一些时候，约在公元前 1000 年中期，科西嘉岛成了腓尼基（迦太基）的领地，当时那里已经有了一些希腊的殖民地。从西西里岛向南，腓尼基人在地中海正中心发现了马耳他岛（古代的梅利塔岛），并把这个岛变成了殖民地。他们从西西里岛出发，横渡宽阔的海峡，到达菲洲的北部海角，并在那里的海峡沿岸建起了迦太基城——腓尼基的新城（卡尔特－哈达什特）。这个城市后来变成了一个强大的国家，在争夺地中海统治权的斗争中成了罗马最危险的对手。腓尼基人从迦太基城向东南扩张，在海上航行的过程中认识了大小锡尔特湾，并在这些海湾的沿岸开辟了几个殖民地。从迦太基向西他们发现了阿特拉斯山脉，并到达米卡尔特石柱——直布罗陀海峡。后来，希腊人把这条海峡称为赫剌克勒斯石柱，罗马人把它称为赫耳库勒斯石柱。而中世纪的阿拉伯人把这条海峡称为直比尔—陀利克（由此名演变成直布罗陀）。

腓尼基人从北非或巴利阿里群岛出发，发现了欧洲大陆的突出于海洋的地区——比利牛斯半岛。在海峡（直布罗陀）的东边入口处，即该半岛（比利牛斯）的海岸边，他们建起了马拉加城，这座城市的名字（马拉加）一直沿用至今。腓尼基人穿过海峡，驶进大西洋，并在这条海峡的西边出口处，即在比利牛斯半岛的海岸边建起了一座城堡，名叫卡迪尔（即现今的加的斯）。他们还在非洲海岸边建造了另一座城市，名叫丁金斯（即丹吉尔）。他们在卡迪尔西北离海有数十千米的塔尔希什（即现今的塔尔西斯）地区找到最丰富的铜矿，并着手进行开采。直到今天，这个地区仍是欧洲最重要铜产地之一。

一个有争论的问题是，腓尼基人沿欧洲的大西洋海岸究竟航行了多远的路程。这些航行是与向地中海国家运送锡密切相关的。腓尼基人把采锡的地方称为卡西捷里德（意为锡岛）。然而，到哪里去寻找这些锡岛呢？卡西捷里德真是岛屿而不是半岛吗？倾向于把卡西捷里德认为是确实存在的岛屿的人，把不列颠群岛与卡西捷里德岛屿混为一谈，原因是在大不列颠西南半岛（康沃尔半岛）上留下了一些罗马统治时期开采过的锡矿。持有反对意见的人指出，这些产锡地在米卡尔特石柱附近，位于比利牛斯半岛的西北部（即在加里西亚地区）。

比利牛斯半岛

总之，毫无疑问的是，腓尼基人发现了欧洲南部和比利牛斯半岛的海岸，并驶进比利牛斯半岛上最大的河流——塔霍河河口上的宽阔海湾。稍后一些时候，在那里出现了一座名叫里日博阿的城市（里斯本）。显然，他们熟识了从比斯开湾到布列塔尼半岛的海岸线。腓尼基人的伟大发现是非常了不起的，他们的光辉业绩将永远铭记在世界探险史上。

3

毕菲发现不列颠群岛

毕菲出生于马萨利亚，公元前 4 世纪的后 25 年期间，他绕过了赫刺克勒斯石柱，向西北欧的海岸作了首次远航，在这次航行过程中他无疑到过不列颠群岛。如果说腓尼基人在自己的航行过程中未在毕菲之前到过卡西捷里德（锡岛），或者迦太基人的船队在希米尔孔的指挥下未曾到过此地的话，那么完全有理由说，不列颠群岛是毕菲发现的。有关毕菲的传说，我们从流传至今的一些史前后期著作家的作品中可以看到，主要是历史学家波利比，特别是地理学家斯特累波。这两位著作家认为毕菲是个人所共知的骗子，他们引用报道资料仅仅是为了尖刻地批判毕菲。但是，即使根据他们的这些怀有敌意的说法，历史学家们也能确认毕菲向北航行路线的基本轮廓和他所取得的巨大成果。毕菲的航行大约是在公元前 325 ~ 前 320 年间进行的。

现在还无法弄清毕菲的海上探险的组织和目的，比较确切的说法是，他的航行是为马萨利亚的商人店铺购进锡、琥珀和特别昂贵的狩猎用具。幸运的是，领导这个探险队的是一个有远见卓识的人，他受过教育，精通算术、天文、地理和绘图。

3 月，毕菲从马萨利亚启航，穿过石柱后沿比利牛斯半岛的西岸向前航行，抵达布列塔尼半岛的西岸海角（卡巴荣角）。毕菲继续向

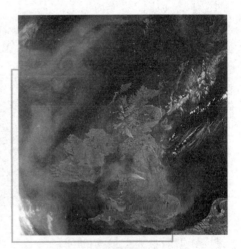

不列颠群岛鸟瞰图

北航行，在拉芒什海峡（英吉利海峡）西部辽阔的水域穿过了该海峡，到达一个大岛的西南海角，他第一次把这个岛命名为不列颠。为了沿着不列颠的西海岸继续前进，毕菲第一次从南到北地穿过爱尔兰海，并穿过北部

RENLEILUXINGSHISHANGWEIDADEMAOXIAN

人类旅行史上伟大的冒险

海峡，驶出了爱尔兰海。在这次横渡航行中他一定会看到爱尔兰的东北海岸。毕菲想把全岛画入地图，但是画得面目皆非，把爱尔兰岛画到不列颠岛的北面了。进而他又探察了赫茂茨和赫布茨群岛（即内赫布里底和外赫布里底群岛）中的几个岛屿，同时在不列颠岛的东北角探察了奥尔卡特群岛（即奥克尼群岛）的数十个岛屿。

在奥尔卡特群岛以外的地方，毕菲抵达一个海岛，这座海岛位于"从不列颠岛向北航行 6 天的距离"。毕菲没有给这个海岛以特别的命名，后来这个海岛——不论是真实存在的还是臆造的——被载入地理发现的史册中，并命名为"遥远图勒"，这个名称意味着那里是人们居住的最北部的界限。毕菲本人被人们称为第一个极地航海家。

毕菲转头向南航行，经过不列颠岛的沿岸，到达康迪荣（在不列颠岛的东南海角）。他正确地把这个岛画成三角形，并尽可能计算出它的各方面的比例是 3∶6∶8，但是毕菲几乎把这个岛的长度夸大了 2 倍。毕菲第一次向人们提供了不列颠岛的自然地形、农业生产和居民生活习惯的准确消息。

从康迪荣出发，毕菲在最窄的水域再次穿过海峡，沿大陆的海岸向东北航驶。然而，他在那里很少有收获（也可能是他所获的情况未流传至今）。人们仅知道，他在大海中看到了一系列无人居住的海岛（弗里西亚群岛），并到达克勒特人居住区的尽头和西徐亚人领地的

弗里西亚群岛

边缘。人们相传有两个西徐亚人的部落名称；一个已变得无法辨认了（古东人），另一个叫条顿人。后一名称证实毕菲已经到达日耳曼人所居住的海岸。条顿人在一座名叫阿巴尔的海岛上收获琥珀，该岛离海岸有一天航程。许多现代历史学家根据这些少得可怜的资科作出了一个缺乏依据的结论：毕菲发现了尼德兰、日耳曼的西北沿岸地区，以及与海岸相连的岛屿，直

5

到赫耳果兰岛和易北河河口。

在不列颠被罗马人全部认识以前，许多极有影响的古代学者对毕菲的报道信以为真，但是在首次征服性的远征（始于公元前1世纪朱里·恺撒的远征）之后，人们揭穿了毕菲所散布的大量夸大之词，同时也否定了毕菲的报道中真正的事实。"毕菲把很多人引入歧途。"斯特累波说，"这样，他会肯定地说，他徒步走过了旅行者能够到达的全部不列颠，这个海岛海岸线为4万斯塔迪（希腊尺度名称，约等于150～190米，4万斯塔迪可折合6000千米以上）。此后，他叙述了遥远图勒和那些没有多少土地、海洋或空气的地区，而代替全部这些的似乎像一个海上轻飘的东西。那里的土地、海洋似乎均悬挂在空中，并联系着世界各地，但在其上人们不可能徒步行走，也不可能乘船航行。毕菲夸大其词地说："他从那里返回的途中徒步穿过了从卡德尔（加的斯）到塔纳伊德（顿河）的欧洲全部海岸线。"

不要忘记，这是斯特累波在毕菲航行300年后所写的，关于毕菲的报道是经过以后许多作者的转述才到了他的手中。在对到达图勒地域的描述中，我们看到一幅含有诗意但并不真实的浓雾笼罩的情景，这种情景是多么富有大西北地区的特点。至于毕菲海上和陆地的旅行范围，斯特累波完全不能想象的是："他孤身一人，同时又是个贫民，能够驾船航驶和徒步走过这样长距离的路程……抵达海洋的边缘，探索整个欧洲北部地区……"

斯特累波在揭穿毕菲的无限夸大之词或露骨的谎言之后，至少也承认他在记述北部地区方面作出了人所共知的贡献。"他对靠近寒带地区的天文现象和数学计算方面作出了一些正确无误的观测……"

罗马人发现西欧

如果说早在罗马帝国建立以前，腓尼基人（包括迦太基人）和希腊人在发现了南欧和西欧全部沿海地区以后，开始发现西欧本土，那么这个发现是被罗马人最终完成的。罗马人扩大了大西洋温带和寒温带岛屿的地理知识范围，进而发现了中欧。罗马人地理发现的主要成果，是同他们频繁地与克勒特人和日耳曼部族进行防御和进攻的战争相联系的。

公元前2世纪，罗马人除了对亚平宁半岛和地中海的岛屿有所了解外，在西南欧的边陲地区还对伊比利亚半岛（比利牛斯半岛）和把这个半岛与欧洲大陆相隔离的高山屏障了如指掌。他们最终发现了高原地区、比利牛斯山脉，以及比利牛斯的大河流域，这些大河是：阿尼斯河（瓜的亚纳河）、达克河（塔霍河）、杜利河（杜罗河）和伊比尔河（埃布罗河）。与此同时，他们从比利牛斯半岛向北进发，仔细地探察了阿尔卑斯山脉的最主要的隘口，迦太基人曾通过这些隘口侵入意大利，后来基姆福尔人也曾穿越这些隘口。从阿尔卑斯弓形山岳向西，罗马人在马萨利亚的希腊人协助下研究了南地中海的高卢和罗丹河（罗纳河）及加鲁穆河（加龙河）流域的地理状况，同时对汝拉和中央高原的地理状况也作了研究。毫无疑义，罗马人不迟于公元前2世纪已经认识了把高卢与日耳曼相分离的高卢的中部和北部大河流域，这些大河是：里给尔河（卢瓦尔河）、塞克瓦纳河（塞纳河）和莱恩河（莱茵河）。显然，按历史传统的说法，对这些地区的认识与

朱里·恺撒的远征（公元前1世纪中期）有关。《高卢战争记实》的作者仅仅依照自己远征的行动记录了马萨里奥特人或者罗马的其他盟友——商人们和探险者们所作的发现，后者的姓名没有传到今天。公元前2世纪的罗马文献里已经点出了居住在高卢的北部和东部地区，以及

莱茵河

塞纳河和莱茵河从上游到下游地区的部落名字：海尔维第人（瑞士人）、贝尔格人、塞克瓦纳人等等。朱里·恺撒横渡位于贝尔格人地区与不列颠之间的狭窄海峡，进入泰晤士平原。但是，罗马人很快从那里退走了。但是朱里·恺撒的远征可以看成是对不列颠的第二次发现。这个时候罗马人打听到在不列颠主岛之外有一个依维利亚（爱尔兰）大岛，但是他们未必曾

7

经到过那里，因为他们对依维利亚的认识是模糊不清的。

公元 1 世纪，罗马人对不列颠展开了探索和研究。公元 43 年，罗马军团穿过海峡占领了这个主岛南半部地区（威尔士除外）。与此同时，他们从东北方面挺进到恒比尔河，稍后一些时候，他们从西北方面到达爱尔兰海。约在公元 60 年，他们在这个海上占领了安格尔西岛（曼岛）。他们在公元 78~85 年间才完成了对不列颠的发现，那时该地的统治者是朱里·阿格里科拉。此人在西部征服了威尔士半岛，从东北部渡过泰河，并在格兰扁山脚下某地击败了喀利多尼亚山民。然而他把国界确定在较远的南方，位于克莱德河与福尔特河河口区这个岛最狭窄的地方（中央苏格兰）。在阿格里科拉统治时期，罗马人的船舰曾在爱尔兰海中航驶，似乎在那时才确定了爱尔兰的地理位置：它是不列颠的主岛。阿格里科拉自己曾派遣一支舰队从泰河河口向北进发，"环绕近海海岸航行"（从东向西）。罗马航海家们已经确认，不列颠是个海岛，在此次航行中他们再次发现了奥克尼群岛，并征服了这个群岛。然而罗马人未能向高纬度进发，

鸟瞰奥克尼群岛

因为冬季已经来临。他们在遥远的北部看见了一片陆地，认为那片陆地是遥远图勒，其实，那片陆地无疑是设得兰群岛的一个岛屿。

罗马人发现中欧

公元前 1 世纪中期，朱里·恺撒把罗马的边界扩大到莱茵河流域。从这条河的上游到河口区，他曾收集到关于西德意志的有关情报，此后，罗马

人从东方和北方（从莱茵河和阿尔卑斯山）对日耳曼人发动了进攻，这次进攻战持续40年之久。

公元前12年，克拉夫迪·奈龙·德鲁斯率领一支罗马军事探险队沿莱茵河向下游进发，顺着莱茵河下游的一条东部支流进入北海，然后，这个探险队转向东去，驶过阿密金河（埃姆斯河）河口区到达韦祖尔格河（韦泽尔河）。在此次行进中发现了德意志西北部沿海区。德鲁斯的船只在这个浅水区搁浅了，但是德鲁斯率领军团人员沿陆地向东挺进，到达阿尔普河（易北河）边。在返回的途中，德鲁斯被人打死了。在此后两年中，提庇留和在他之后的罗马将领们为了追击一支日耳曼部落，从中莱茵河地区和上达努比河（多瑙河）向东前进，到达易北河。就这样，罗马人认识了易北河的上游直至它的河口广大地区。

公元4~6年，在对北部日耳曼部落的远征期间，提庇留的舰队驶出莱茵河，来到易北河河口，然后转向北方，发现了基姆福尔半岛（日德兰半岛）的整个沿海区以及附近的岛屿。关于这次地理探险的发现成果，罗马的地理学家波穆波尼·米拉（公元1世纪前半期）作了简要的记述，他说："阿

日德兰半岛

尔普河（易北河）河口以外便是宽阔的科丹海湾，海湾中有大大小小的岛屿，岛屿之间相距不远，所以这里的海不像是个海，海水把岛屿分开并使它们远离大陆，这里的海水呈现类似狭窄的渠道分支的网状。然后海岸线蜿蜒而去，形成了一个椭圆形的海湾。这里养育着基姆福尔人和最后的一个日耳曼部落——日尔米荣人。"米拉还指出，科丹海湾中"有一个最大的和最肥沃的海岛，名叫科丹诺维亚"，这里所说的海岛大概是指斯科纳半岛。

按大普林尼（公元23～79年）的记载，在日德兰半岛北部顶端（基姆福尔斯克角），罗马航海者们看到或者听到过西徐亚国家的情况和"异常潮湿和冰冻的地域"。这是罗马人得到波罗的海的第一个消息，显然，罗马人对此不甚理解（始于北部波的尼亚湾）。罗马人极力夸大这个海的面积，把它看作是北海的一个部分，所以他们把这个岛称作斯堪的纳维亚，这个名称首先是在普林尼的著作中出现的。

公元9年，罗马人在捷夫托布尔斯克森林战斗中被打败后，退回莱茵河。收集中欧地区特别是中欧北部靠波罗的海地带情况的工作自然而然地放慢了速度。在公元1世纪里，罗马人甚至很少知道注入波罗的海的河流。公元1世纪的著作家所列出的河流只有一条——维斯图瓦河，这条河无疑是维斯瓦河。

波罗的海沿岸区"出产"琥珀。琥珀在古代被视为珍贵之物。公元1世纪，商人们从南欧前往波罗的海去寻找琥珀，他们穿过日耳曼人部落国家，这些部落与罗马人为敌，同时早期的斯拉夫部落、波罗的海的部落和芬兰部落对他们又不是很了解。这些旅行商人把琥珀

波罗的海风光

运到罗马，讲述了东部波罗的海沿岸地区特别是波罗的海群岛上居民生活的许多神话故事。那些神话故事被地理编纂家和自然学家们全盘接受并加以复述。

罗马人发现尼罗河

公元初年，非洲大陆的整个北部沿海地带已为罗马人所知。罗马人对阿特拉斯山脉的认识首先是由斯特累波综合在一起的，后人把大西洋到突

尼斯海峡所有的地区叫做阿特拉斯地区。

公元前19年，地方总督卢茨·科尔奈利·巴尔普率一支罗马军队从沿海区出发，完成了对撒哈拉以南的远征，目的是与加拉曼特人——一支不安定的游牧部族交战。他预先占领了迦太基以南的加达美斯绿洲（北纬30度），向东挺进，穿过铺满碎石的荒原，然后翻过黑山——显然是位于北纬28度大西尔特湾西南一连串不毛的高原地带，进而穿过沙漠到达几尔马绿洲。这是一次骑兵式的袭击，

尼罗河流域

很可能是骑着快速行进的骆驼，整个行程只用了25天。在几尔马绿洲，这支队伍向东绕了一个大弯。而按直线行走，从几尔马向南，距离的黎波里大约只有700千米路程。

据马林·季尔斯基报道，在公元1世纪里还完成了两次向南的远征。森迪米·富拉克"从利比亚出发，经过三个月的跋涉，来到加拉曼特人国家之南的埃塞俄比亚"。第二次远行是由尤里·马丁完成的，他"与加拉曼特国王一起进行四个月的旅行，到达埃塞俄比亚的阿吉西姆巴地区，并在那里收购了犀牛"。托勒玫根据极不准确的计算，把这个国家画到远离赤道的地方，在南纬16度15分处。直到地理大发现以前，托勒玫的继承者都认为阿吉西姆巴国家是人类世界的西南边陲。除了马林的报道外，有关罗马人穿过撒哈拉的任何古代文献都没有保存下来。19~20世纪的探险家们仅仅猜想过下列问题：罗马人真的完成过这些远征吗？他们的目的是什么？他们所行的路线在哪里？他们到过哪些地区以及他们把哪一种黑人称为埃塞俄比亚人？托勒玫在这块非洲地区（如同他所"熟悉的"这块大陆的其他地区一样）随心所欲地画出了一系列地理标记，然而没有一个地理标记与实际存在的河流、湖泊和山脉相符。

公元1世纪后半叶，罗马人在尼罗河流域取得了重大的地理发现成果。

他们认识了阿比西尼亚高原地区、阿特巴拉河与青尼罗河。派往南部地区去进行探险的一支罗马军队到达白尼罗河上游很远的地区，然后通过野草丛生、尽是沼泽的宽阔河道。这是人们所称的肖特地区——到处漂浮着厚厚的河草和造纸草。在这个地区，如同延伸650千米长（从北纬9度到北纬5度），从加扎勒河的河口到狭窄的隘口一样，白尼罗河形成了许多瀑布。最确切的说法是：那支探险队的参加者对哲学家卢齐·塞涅卡叙述这次远征情况时，把这些瀑布称为"介于两侧石岩之间的大瀑布"。

向大洋挑战的亨利

在15世纪初叶，当时大部分的欧洲人还认为大地是平面，人们只有沿着旧有的航线行船，因为大西洋的尽头是死亡线。

凡探险者，是难免有死亡的。不过，只有那些虽有生命危险却也有成功希望的冒险才是值得的。如果是明知走向死亡而无成功的希望，谁还肯奔向这个目标呢？

这时面临的最大障碍是迷信观念，这需要科学，需要一大批人不仅有出自各种目的而激发的探险精神，而且要有足够的科学知识用以指导航海实践。如何造就这样一批人呢？谁有勇气、有能力在愚昧黑暗中踏出一条光明之路呢？

敢于向神学的偏见挑战、向神秘的大洋挑战而开一代风气之先的人，是唐·亨利。

亨利生于1394年，是葡萄牙国王裘安一世的第三个儿子。他自幼从出身于英格兰王族的母亲那里接受了宗教和一般教育，从父亲那里学习武艺和承继了中世纪的骑士精神。正因

亨利王子纪念银币

如此，亨利不安于宫廷生活，而是向往获得骑士的资格。后来在财政大臣的提议下，他力劝父王以海军突袭北非摩洛哥的休达港。在战斗准备阶段，亨利奉命负责造船和招募船员。葡萄牙人于 1415 年 8 月 15 日经过一天激战就占领了休达。这是世界史上资本主义早期殖民侵略的第一战。亨利以在此次血腥战斗中建立的功劳而被封为骑士。

亨利在监造船只和参加战斗的过程中，接触到许多经验丰富的海员，了解了阿拉伯世界的情报，也逐渐增强了他向海洋进军的信心。首先他要发扬十字军精神，誓与异教徒作战到底。但他知道葡萄牙的力量单薄，搞大部队远征是不可能的，于是就琢磨着要像攻占休达那样利用船队突击阿拉伯帝国防卫力量薄弱的边境，这需要做航海调查。

中世纪的传说告诉人们，在伊斯兰世界中还残存着一个由普勒斯特·约翰王统治的基督教王国，找到他们就可以壮大打击伊斯兰的力量。不可否认，亨利想借助探险来了解加纳利群岛远方的地理状况；更不可否认，葡萄牙和欧洲各国的经济发展要求一条获取黄金和东方物产的海上交通线。《马可·波罗游记》中所描述的东方世界在吸引着亨利。

为了寻找东方，亨利从 1418 年起放弃了宫廷的安乐，到拉哥斯港附近的萨克列斯居住。他在那里学习数学、天文学和地理学知识，由托勒密的《地理学》导生的新观念支持他酝酿着前无古人的大计划。他在萨克列斯建立了观测所、造船所、防守工事和小镇，后来成立

加纳利群岛

了"航海学校"，在这里，有人搜集了大量的古希腊和古罗马的天文和地理学著作。还聘请了一些学者，重新进行海陆探测和绘制新的航海图，重新计算了地球的周长。

亨利的第一个目标是让船员们驶往葡萄牙西南 1300 千米的加纳利群岛，

再越过该群岛南约 240 千米的波加多尔角，到更远的未知海域去探险。当时人们还没有越过波加多尔角后平安返回的记录，有的只是关于船开到那里就难以生还的可怕传说。说那里以南的海水是沸腾的，人到了那里就会变黑。阿拉伯地图上在那里还画着一只从水里伸出来的撒旦的手。船员们对亨利说："我们如何能越过祖先所设的警戒线？我们失去了灵魂和肉体，对于亲王殿下又有什么益处呢？"他们即便是奉命出航，也不按亨利指定的路线走。

1418 年，亨利派船沿非洲海岸南下，目标是越过波加多尔角到几内亚。但船启航不久遇到逆风，经数次斜向航行，竟意外发现了圣波尔多岛。他们回航向亨利汇报，说此地宜作殖民地。亨利很高兴，派殖民者前往圣波尔多。其中有一人带了怀孕的兔子到该岛，不久就繁殖出一大群兔子。后来，兔子多得把农作物全吃光了，他们只好放弃该岛而转移到距此 20 千米的马德拉岛。这里阳光和水源很充足，适宜种甘蔗和葡萄，不久之后，这里就因输出葡萄酒和糖而繁荣起来。1431 年之后，陆续发现了亚速尔群岛的各岛屿，后来成为葡萄牙船只的最佳避风港。

这些虽然都是航海探险的成绩，但按亨利的计划，却没有达到最基本的目标。还没有越过波加多尔角，而资金已快消耗尽了。

1433 年，亨利让吉尔·艾阿尼斯任巴尔卡号船的船长，给他的任务是沿非洲海岸一直前进。艾阿尼斯同样

亚速尔群岛

因恐惧心理只到了加纳利群岛就回来交差。这一次，亨利王子可发火了，说："你们都在胡思乱想，真不可思议。如果世上流传的谣言稍有根据，我也不致如此责备你们。"随后再次派这位船长去做一次新的尝试。艾阿尼斯抱着不完成任务不回来见王子的决心，于 1434 年带队出航，成功地越过了波加多尔角，航行极为顺利平稳。航行所见与过去传闻完全相反，海水并

不沸腾，人也没有变黑。艾阿尼斯带回了在那里采集的圣母玛丽亚玫瑰等几种植物，献给了亨利。

这一次航行，从地理学的角度看，并没有多大成就。但他突破了人们观念中的航海极限，探险英雄们以自己的实践粉碎了令人恐怖的鬼话，艾阿尼斯也因而被封为骑士。

后继者纷至沓来，并要求领到超过艾阿尼斯的任务。亨利的事业由此出现了转机。这时候，亨利的哥哥都尔特继承了王位，他决定，把马德拉岛出口贸易利润中王室税金的1/5交给亨利，以此来支持这位"航海王子"的事业。

1435年，亨利又派巴达亚和艾阿尼斯各带一支探险队出航。在经过波加多尔角继续航行320千米后登陆，发现了人与骆驼的足迹。亨利命他们再次去此地时俘虏几个土著来，以便了解当地的情况。但这一次没有抓住人，却捕杀了大批海豹，带回了海豹皮。这是葡萄牙人航海探险第一次从非洲带回了有价值的"实惠"商品。

1441年执行亨利王子新的探险计划的是安·龚沙维斯和努·特利斯坦，他们各带一队出发，龚沙维斯奉命返航时要载回海豹皮和海豹油。特利斯坦的任务是取得资料和抓几名非洲海岸的居民。后来，两船总计俘虏了12名土著，回到萨克列斯后，亨利奖励了立功者。出于探险目的的亨利，这一举动在实质上是为罪恶的贩运黑奴制度做了"剪彩"。从此就有许多人专为贩运黑奴而探险了。

葡萄牙航海发现取得的成就震惊了欧洲，亨利不仅为葡萄牙人所景仰，而且受到欧洲人的尊敬。欧洲人尊称他为航海家，葡萄牙人则亲昵地称呼他为"航海王子"。历史学家普遍认为，无论对葡萄牙还是对整个欧洲，他的一生及其事业的重要性是无法估量的。从他的航海时代起，每一个从事地理大发现的人，都是沿着他的足迹前进的。

寻找神话中的游离岛

在古代，大西洋上"定居"着许多神话般的"极乐"群岛、"幸福"

15

群岛或其他一些岛屿，这些岛屿给一些被驱逐逃亡的人们或整一个民族提供了藏身之地。亚里士多德曾说，在赫刺克勒斯石柱一方的大洋海面上，散布着这些岛屿。稍后一些古代著作家说，这些岛屿似乎是腓尼基人发现的，当罗马人毁灭了迦太基城后，这些岛屿成了迦太基人的避难地。公元前1世纪，普林尼以及稍后一个时期（公元1世纪末或2世纪初）的普卢塔赫都谈到大西洋上的这些岛屿。普卢塔赫把这些岛屿划到不列颠周围的海区，把一些"圣岛"划到要走5天路程的更西部的海区，并赋予这些岛屿美妙的自然风光和温和宜人的气候特征。这些说法想必是以加那利群岛上的真正的发现为依据的，也可能是以古代航海家发现的马德拉群岛或亚速尔群岛为依据的。

欧洲的航海家在13～14世纪最终发现这些岛屿。好几个世纪以前，人们约在公元9世纪，已可以追溯到关于大西洋上存在"极乐岛"这一神话传说的根源。这些神话传说中最古老的一个产生于爱尔兰，时间不迟于9世纪。居住在法罗群岛和冰岛上的爱尔兰遁世主义者，怀着对"世俗的空虚感"，希望离开人口较稠的海岛，来到一些遥远的无人问津的海岛上。他们认为，在这些海岛上可以免除干扰，"拯救自己的灵魂"。然而，诺曼人中的偶像崇拜主义者把他们从那里撵出去了。在爱尔兰人第库尔的著作中对此有清晰的记载，所以在爱尔兰的修道院里人们反反复复地查阅古代著作家的文献，企图从中寻找出对于这些遥远的"极乐岛"直接的记载或注释。关于爱尔兰禁欲主义者确实航行到大西洋北部一些岛屿的故事，与古代权威们关于西洋的中心存在着"极乐岛"的说法交织在一起了。这样便可以解释清楚布兰丹游历"圣岛"这一神话传说的起源以及他是如何发现该岛的。

9世纪末期，据说，布兰丹与他的一群学生从爱尔兰海岸启程向西航行。他在海洋上迷失了方向，发现了一个极为美丽的孤岛，他在这座孤岛上居住了多年之后返回祖国。这个神话被人们的幻想加以渲染和涂饰后流传到几乎所有的欧洲国家。中世纪的一些地理绘图家在大西洋的空白海区标上了"布兰丹圣岛"。起初，他们把这个"圣岛"划在爱尔兰以西；后来，在大西洋北部海区确实发现了陆地，而这些陆地按其自然条件来说与天国岛屿没有任何相同之点，于是，布兰丹的"圣岛"便在地图上"爬到"南部更远的地方去了。在1367年问世的威尼斯地图上，这个"圣岛"被标在马德拉群岛的位置上，而马丁·倍海谟在自己制作的地球仪上（1492年）把这个岛标在佛得角群岛以西的地方，靠近赤道。换句话说，布兰丹的"圣岛"变成了一个游离岛。最后，它完全消失了，既没有留下名称，也没有说明是指哪一块陆地。

另一个深奥莫测的游离岛——"巴西岛"的命运则比较好。中世纪时期，不知出于哪个人的幻想，绘图家们生造并确认了一个"巴西岛"。起初，人们把这个岛标在爱尔兰的西南方向；后来，把它挪到离欧洲海岸更远的南部和西部海区。当时（16世纪初期），"巴西"还没有命名为位于赤道一侧似乎是南美大陆东部地区一个臆造的新世界海岛。16世纪里，人们把这个幻想的神奇之岛的名称"赐给"葡萄牙的一大片殖民地——巴西。

中世纪的幻想家们（约在8～9世纪）断言，在直布罗陀海峡以西有一个"七座城岛"。根据西班牙一葡萄牙一个稗史传说，穆斯林（摩尔人）在赫雷斯的战役中击败了基督教徒以后，把自己的统治权扩大到整个比利牛斯半岛地区（8世纪初期）。一个大教主和六个主教一起逃到一个遥远的大西

直布罗陀海峡

洋岛屿上，他们在这个岛上建造了七座基督教城。15世纪的初期，这个幻想的海岛才出现在地图上，有时与另外一个更为神秘的海岛并列，后者有一个使人无法猜测的名称，叫安的列斯。

许多大西洋新地的发现已经把幻想中的海岛推向遥远的西方，它们未来的命运各不相同。地理大发现时期，西班牙征服者从新西班牙（墨西哥）

出发向北挺进，即在北美大陆的中部对"七座城岛"作了徒劳无益的搜寻（16世纪中期）。安的列斯这个神话般的名称一直流传至今，它所指的真实陆地是大安的列斯群岛和小安的列斯群岛（1502年出版的康第诺地图上最先出现这个名称）。

在地理大发现的历史上，寻找这些海市蜃楼式的幻景发挥了极大的作用。中世纪宇宙学者们指明的这些幻景被绘制在地图上，这些景岛屿成了哥伦布和他的追随者离开欧洲海岸前往印度途中可以指望的阶梯。搜寻"七座城"的活动导致西班牙人对北美大陆腹地——密西西比河和科罗拉多河流域的发现。

俄罗斯人发现北欧

隶属于诺夫哥罗德的人（古露西时代的庄稼人）和贵族的奴隶们（战争中被俘的人）发现并首先占领了北欧地区的海岸，他们开辟了通往这些海岸的道路，并在那里组织起各种生产活动，此后在那里的河道下游和河口地区定居下来。他们在人烟绝迹的森林里建起了像俄罗斯绿洲一样的村庄。

向东北，诺夫哥罗德人沿沃耳霍夫河顺水而下到达拉多加湖，然后渡过斯维里河来到奥涅加湖，再沿着奥涅加湖的北岸或东北岸向北前进。他们开辟了一个"能够乘船穿过奥涅加湖到达收税区的两岸地区"（就是说，他们沿海岸从一个村落到达另一个村落）。诺夫哥罗德人主要依靠水上交通路线由奥涅加湖的东岸向东北更远的地方行进。那里没有能行车的道路，夏季在那里行驶十分困难。"他们走过许多青苔

白　海

地和沼泽，并渡过许多湖区"。他们开拓的第一条路线，是从奥涅加湖出发经过伏尔加河和它的右边一条支流，来到克诺泽罗，再沿克恩河航行到奥涅加河（瀑布以下的河段），然后沿奥涅加河航行到白海，或者由奥、涅加河转入叶姆察河，再沿叶姆察河航行到北德维纳河。第二条路线是从维捷格拉河出发，穿过活水的拉恰湖，通向奥涅加河，从这里起已经有许多水道通往北德维纳河和海洋。第三条路线是从奥涅加湖的北部顶端出发，经过一系列不大的湖泊到达威格湖，进入威格河流域的外奥涅加河收税区，到达须磨和纽赫恰，从此直线前往奥涅加海角的海岸。

向西北，从位于拉多加湖西岸的诺夫哥罗德的科雷拉小城（即现今的湖滨城）出发到达洛普收税区和"野蛮的洛比"（即现今的卡累利阿自治共和国的西部地区），从此地可以到达白海的卡累利阿海岸。

人们不清楚，诺夫哥罗德人什么时候开始向北方移动的。根据《早期编年史》记载，诺夫哥罗德人在公元 11 世纪末已经到达伯朝拉这个离他们最远的北欧地区，因此可以推想，他们首次来到白海沿岸的时间更早。

贵族的奴隶们，即战俘奴隶们也是沿着上述某一条路线来到海岸区的。由于他们使用的大船名叫乌什库，所以他们也把自己称为乌什库人。他们在海洋里航行并沿河道向上游行进到第一级瀑布的地方，在那些指望得到丰富的猎获物的地方为他们的贵族建起了村舍，从而产生了北诺夫哥罗德的渔猎行业——有制盐场、渔村、捕鹰营地（供捕捉鹰用地）及其他行业。随着这些贵族的渔猎行业的出现，这个地区也从事农业耕种，所以出现了

农业村舍。贵族的战俘奴隶们在西北地区征服了卡累利阿人和萨阿米人——或称拉普兰人（"科拉半岛的小孩们"和"野蛮的洛比人"），在东北地区征服了涅涅茨人（萨莫耶德人），并强迫这些人为他们主要从事手工业劳动。一些手工业者、农民和

科拉半岛

传教士跟随着这些战俘奴隶来到这个北部地区，混居在卡累利阿人和萨阿米人中间。由于土地分配不均，新来的人们与科拉半岛的土著人之间发生了不可调和的敌对行动，这里的土地不足以分配给所有的人。

俄罗斯人、卡累利阿人和萨阿米人居住在一些很小的地段上，独家独户或分组地进行劳动。新来的人和边远的土著人之间的差别很快就消失了。贵族们强占了夏季海岸和波莫瑞海岸的绝大部分地段；农民们通常居住在离海岸较远的地区，即在奥涅加河，特别是在北德维纳河流域和它的左部支流上。在德维纳河流域也居住着许多从下游地区前来谋生的外乡人。

■ 迪亚斯发现好望角

15 世纪 80 年代，葡萄牙国王茹安二世派出两艘军舰向南航行。这是两艘较小的船只，每艘容量约 50 吨，但是它们航行的稳定性很好，并能装置重型武器。国王还给这两艘军舰派去了一艘装载食品的运输船。迪亚斯被任命为这个不大舰队的指挥官。主舵手是比较有经验的几内亚航海家彼鲁·阿林盖尔。现在还没有任何证据说明，迪亚斯探险队的直接任务是航行到印度。比较准确的说法是，他所负的任务是完成进一步的探察，而探察的结果对一些参加这一行动的主要成员来说是可疑的。另外不清楚的是，迪亚斯的探险船只是什么样式的，是如前所说的平底船，还是航行时更为可靠的一种船只，尽管这种船只不像快速航行的圆形船。茹安二世国王时期，葡萄牙人在这种船的结构方面已经取得重大的进步。

从航行上可以看出，15 世纪的葡萄牙人识别圆形船与平底船首要标志是它们各自具有的独特结构。圆形船的主帆樯是笔直的，风帆是四角形的。在正常情况下，风直接从船尾吹来，或垂直吹向船体，都可以迎风推动船只前进。为了增大风力，装置着一个船桁，在风向改变时，船桁能在桅杆旁随帆同时转动。乘这种船在大海上航行危险较少，能更好地逆风前进，或者在逆风行驶时船员不会像驾驶平底船那样疲惫不堪。然而，就其帆船的全部其他优点来看，在那个世纪的 80 年代末，这种船比平底船还是显得逊色。

迪亚斯在海上的航行日程不全清楚。现今大多数历史学家倾向性的看法是，迪亚斯的船队于1487年8月离开了里斯本。他沿着当时人们所熟悉的航线到达米纳，从米纳出发，沿着第奥古·坎所行的路线航抵南纬22度。越过南回归线后，他发现了一条荒芜的隐约可见的海岸线。葡萄牙人好像走进了另外一个世界：光秃秃的海岸常常被浓雾笼罩，色彩暗淡模糊，没有什么东西使他意识到这是热带非洲。迪亚斯在这海岸上竖起了一块石碑，上面刻着"小港"字样。从此地出发，他沿着荒芜的海岸线向南航驶。海岸线一直慢慢向东倾斜，但是到了南纬33度处，突然向西急转（在圣赫勒拿湾附近）。这时，海上刮起了一场飓风，迪亚斯担心他的船只会碰到礁石而毁坏，于是把船驶入大海。飓风变成了一场大风暴，这时葡萄牙人已经远离非洲海岸线了。可怕的风暴把葡萄牙的这两条小船向南推去（供应船落在后面）。1488年1月来到了，南半球正处于盛夏季节，然而海浪越来越冷。当大海稍微显得平静了以后，迪亚斯再次调

圣赫勒拿岛

转船头向东驶去。他们朝着这个方向航行了几天后，已经消失的非洲海岸线再未出现。迪亚斯认为，他可能已经绕过非洲的最南端。为了证实这一点，迪亚斯又驾船向北航行，两三天后远方出现了山脉，然后看见了高耸的覆盖着绿茵的海岸线，这条海岸的走向是从西向东。

在一座山丘上，葡萄牙人看到了一群乳牛和几个半赤身露体的牧人。迪亚斯派人到岸上去取水，葡萄牙人起初以为这些牧人是黑人。牧人把牛群赶到较远的地方，自己却站在一座山丘上高声喊叫，并且挥动着手。迪亚斯向他们射了一箭，一个牧人中箭倒下来，其他牧人逃走了。葡萄牙人走到被射死的"黑人"跟前，看到他的头发"像绒毛"，皮肤的颜色"像枯黄的树叶"。这些人皮肤的颜色比他们在非洲西岸遇到的黑人的肤色要浅得

多。就这样，射死一个手无寸铁的牧人，标志着欧洲人与这个新的从前不为人知的民族第一次相见。这个民族是科伊科因人，是南非的土著民族，后来，荷兰人为了贬低他们，把他们称为霍屯督人（结舌者）。从这个"牧人港湾"（现今的莫塞尔港）出发，迪亚斯率领航船沿海岸直向东去，并抵达一个面向海洋的宽阔海港（阿尔戈阿湾），从这里起，海岸线缓缓地转向东北，向印度方向伸去。迪亚斯的判断是正确的，他的航铅已经绕过了非洲的全部南海岸，现在身处印度洋了。可是，从前许多人认为，印度洋是个与其他海洋不相通的死海。绕过非洲通往印度的海上航道终于找到了！

迪亚斯在一个海港的小岛上竖起了第二块石碑。这两艘船上的船员经过长途航行的颠簸已经感到疲惫不堪，他们要求返航回国，迪亚斯担心会遇到海盗，所以不得不让步。但迪亚斯要求再向前航行三天。他查看了海岸线的东北方向，然后怀着"深深的忧伤"情绪返回了。沿着海岸向西航行，迪亚斯在从前经受过两周时间风暴的海域发现了一个突出于海洋很远的海角，他把这个海角叫做托尔门托（风暴之角），在此他竖起第三块石碑。迪亚斯离开这里向北驶去，于1488年12月回到了祖国。

茹安二世在里斯本听取了这位航海家的报告，立即下令把托尔门托改名为好望角，因为它的发现给葡萄牙人带来了通过海路到达印度的希望。然而，没有任何消息表明，迪亚斯或他的同伴们领取了国王的什么奖赏。这位航海家向南推进了整整13度，比他的前辈第奥古·坎向南推进得还要远。他航绕了整个非洲南部海岸，发现了长达2500千米前人未知的海岸线，并带回了这个地区当时认为极其准确的地图。

然而，萄萄牙政府并不急于把迪亚斯带来的这个"良好希望"变成现实，因为从里斯本到达南部非洲海角必须航驶不少于1万千米

好望角

路程。更明显的原因是，这个海角离印度还有数千千米的航程，绕过非洲到达印度的道路非常遥远。后来有一个极其重大的事件，使得新的葡萄牙国王在迪亚斯回国 10 年之后再次派出船只前往印度。这个事件就是西方对所谓"印度"的奇迹般的发现，即由哥伦布率领的西班牙探险队在 1492 年所建树的功勋。

哥伦布的大发现

哥伦布 1451 年生于意大利的热那亚，先后移居当时的两个航海大国葡萄牙和西班牙。哥伦布自小十分崇拜曾在热那亚坐过监狱的马可·波罗，他读过《马可·波罗游记》，十分向往印度和中国。当时，地圆说已经很盛行，哥伦布也深信不疑。他向葡萄牙国王请求资助，以实现他向西航行到达东方国家的计划，但遭拒绝。一方面，地圆说的理论尚不十分完备，许多人不相信，把哥伦布看成江湖骗子。另一方面，当时西方国家对东方物质财富需求除传统的丝绸、瓷器、茶叶外，最重要的是香料和黄金。其中香料是欧洲人起居生活和饮食烹调必不可少的材料，需求量很大，而本地又不生产。当时，这些商品主要经传统的海、陆联运商路运输。经营这些商品的既得利益集团也极力反对哥伦布开辟新航路的计划。

哥伦布

哥伦布于是来到西班牙，希望得到西班牙国王菲迪南德和皇后伊丽贝拉的支持，1486 年 5 月，国王和皇后终于召见了他。由于他的忠厚、自信及

23

丰富的地理知识，哥伦布给国王和皇后留下了很好的印象。西班牙很想在开辟东印度群岛航路的竞争中击败葡萄牙，所以对哥伦布的计划很支持，并责成一个由海员和学者组成的委员会进行研究。遗憾的是委员会办事拖拉，到1488年还未做出任何决定，等得不耐烦的哥伦布又回到了葡萄牙，试图从国王约翰那里得到支持。可是，当时葡萄牙航海家迪亚斯绕过非洲南端的好望角后胜利归来。这样国王约翰认为，东行到达亚洲的航路已通，对哥伦布的计划没有兴趣。

哥伦布又向英国和法国国王提出了建议，但都失败了。毫无办法的他，只好等待西班牙的那个委员会的决定了。1491年新任命的委员会终于通过了哥伦布的东印度群岛探险计划。

多年的冷遇非但没使他妄自菲薄，相反竟使他自信到了狂妄的程度。他提出在试航成功后任命他为海洋将军和新领地的总督，并且要把将来全部殖民地收入的10%归他所有。

这一要求遭到国王菲迪南德和皇后伊丽贝拉的断然拒绝。幸亏一个替皇后管理个人财务的宠臣向皇后说明这次探险的代价比获得的利益来说是微不足道的。1492年，伊丽贝拉说服国王，同意哥伦布所提各项要求，并斥巨资为哥伦布筹建船队。

首次横渡大西洋

1492年8月3日黎明时分，哥伦布下令起锚升帆，率领航船驶出了帕洛斯湾。他抵达加那利群岛时发现平塔号船底漏水。在那里修理船只耽搁了一些时间，所以他的航船直到1492年9月6日才从戈梅拉岛的港湾启程。

最初航驶的三天过程中海上风平浪静，航船慢悠悠地向前驶去。后来，遇到了顺风，船队乘风加快了速度，耶罗岛很快从海员的视线中消失了。这是加那利群岛最西边的一个岛屿。许多海员精神沮丧，因为从此已经永远告别了陆地。哥伦布知道，随着离祖国的远去，他们的担心和忧虑就会越来越严重。于是哥伦布决定拿出航海日志，向海员们公布已被缩小的行驶里程，而把真实的里程记在自己的日记本里。9月10日，日记里记明的是上昼夜共航行60里卡（约290千米）；然而核实公布的是48里卡，"为了不使海员们感到恐惧"。这样的记载在日记的其他纸页上到处可见。

9月16日，"他们开始看到一大片一簇簇的绿草，根据这些绿草的形状可以判断，它们好像是刚刚从地上拔出来的"。船队穿过这个水域一直向西航行，这个水域的"绿草是这样茂密，好像整个海洋都被绿草覆盖着"。他们数次投下测铅以测水的深度，但是测铅够不着海底。他们在海流形成范围内的亚热带洋区就这样发现了马尾藻海，这个海的海面上浮游着大量的海藻。

在起初航行的几天里，航船顺风在海上水生植物中轻轻滑行，但是后来海风停息了，一连几天船队几乎停滞不前。"因为海洋显得既寂静又平坦，人们怨言四起，都说这个海洋是个怪物，连一丝风都没有，不然可帮他们返回西班牙。"

10月初，水兵和军官们更强烈地要求哥伦布改变航

哥伦布横渡大西洋

向。在此以前，哥伦布一直坚持向西航行，10月7日，他终于屈服了，大概因为害怕发生暴动。

又过了三个星期，"人们已经忍无可忍了，一直抱怨着这个旷日持久的航行"。船队司令比较顺利地平息了海员们的情绪，并使他们相信，已离目的地很近了，同时提醒他们，船队离开祖国已经很远了。哥伦布说服了一部分人，而对另一部分人答应将来给他们奖赏。

发现巴哈马群岛

10月11日，一切迹象表明，陆地已经近在眼前，海员们充满了欢欣鼓舞的情绪。

1492年10月12日半夜2时，平塔号的水手诺特利科行进在船队的前

面，他高声喊道："远方的陆地已经可以看到了！"他从平塔号船上发出了几颗信号弹，其他的船都降下了风帆，人们焦急地等待着黎明时刻来临。早晨，陆地已经展现在眼前了。哥伦布在 10 月 13 日的日记中是这样描述这片陆地的："这是一个面积很大而又地势平坦的海岛，上面有许多绿色的树林和水源，岛的中心有一个大湖。无论什么形状的山脉都没有。"他们历经 33 天的航行，穿过了大西洋，从戈梅拉岛来到这个西方的海岛上。他们从船上放下了小艇，哥伦布和平松兄弟二人，以及公证人和国王的检察官一起靠近岸边。现在，哥伦布以海洋司令和副王的身份在海岸上升起了卡斯蒂利亚的国旗，然后正式宣布占领了这个海岛，并以此内容作了公证文件。

西班牙人在这个岛上看到了一些赤身露体的人，哥伦布就是这样记述他们与这个民族第一次相遇的情景。经过 20 ~ 30 年以后，这个民族被西班牙征服者灭绝了。

"我给了他们一些红色的圆形帽、玻璃念珠和另外一些价值低廉的东西，就是这些东西已经使他们心满意足了。他们对我们所表示的

哥伦布登陆

友好态度使人感到惊讶。这些人游渡到我们乘坐的小船跟前，给我们带来了鹦鹉、一捆一捆棉线、标枪和其他许多东西，以报答我们送给他们的物品。然而我感到他们是一些贫穷的人（各方面都很贫困）。他们光着身子行走，简直是赤身露体，一丝不挂。我所看到的人都很年轻，他们的体态很好看，他们的身材和脸形长得很美，头发乱蓬蓬的，短得像马身上的绒毛一样……一些人的皮肤呈黝黑颜色（这种肤色很像加那利群岛居民肤色，既不黑也不白），另外一些人的皮肤呈红色。我们所遇到的其他的人是这样的：一些人的脸上绘制着图形，另一些人全身上下都画着图案，还有一些人只化装了眼睛和鼻子。他们没有携带（铁器）工具，因为他们还不知道

炼铁。当我把利剑给他们看时，他们赞赏剑的锋利，并无意中割破了自己的手指。他们没有任何铁制工具。"

在这座岛上，人们给哥伦布拿来了"一些被岛民视为大有用途的枯黄叶子"作为礼物，这是哥伦布他们第一次见到的烟叶。

假若西班牙人能较正确地听懂土著人的话，土著人把这个海岛叫做瓜纳哈尼。哥伦布自然给这个岛取了一个基督教名字，叫圣萨尔瓦多（拯救者）。位于南纬24度线的巴哈马群岛的一个岛屿至今仍称此名。可是，没有充分的理由相信，哥伦布就是在这里第一次登陆的。至少有5个地点被称为哥伦布第一次登陆的地方，这些地方都位于面向大西洋的巴哈马群岛东部海岸上。哥伦布可能登上这个群岛最北部一个岛屿（卡特岛），位于南纬24度稍北的地方；登上最南的一个岛屿，位于南纬22度。当然，哥伦布第一次登陆的地点取决于推测他从瓜纳哈尼岛前往古巴航线的变化。

哥伦布注意到一些岛民的鼻子上戴着一小块黄金。多少能听懂他们一些话后，他们说黄金是从南面什么地方运来的。从这个时候起，这位司令在日记中不厌其烦地重复说："由于我们圣主的帮助，我一定能找到黄金的产地。"

西班牙人来到瓜纳哈尼岛后，乘坐小船绕岛一周，发现了一些村庄。远方能看见一些其他岛屿，由此哥伦布确信，他所发现的不是海洋中一片孤立的陆地，而是一个群岛。

岛民们驾驶着大小不同的独木舟来观看西班牙人的航船。这些独木舟上乘坐的人数不等，有的1个人，也有的40~45个人。为了找到通往黄金产地南部海岛的道路，哥伦布下令把登上西班牙船上的几个印第安人逮住了。由这些被俘者指路，哥伦布开始穿过这个群岛，渐渐地向南航进。

哥伦布把瓜纳哈尼岛西南一个不大的海岛命名为圣玛丽亚·德·康塞普松（现今的腊姆岛），把其南面一个比较大的岛命名为费尔南迪纳岛（现今的长岛）。帮助西班牙人把水装满桶的当地印第安人给哥伦布的印象是，"他们比瓜纳哈尼的岛民更善于操劳家务活，对人更为和蔼可亲和更富有理智"。哥伦布记述道："我甚至看到，他们穿着棉线织成的布衣，形状好似斗篷。他们喜欢打扮自己。妇女们的身前围着一块布，以掩盖她们的羞耻。"在另一个地方，他"注意到，已婚的妇女穿着肥大的棉布裤子"。西班牙水手们见过岛民们的屋舍，那房子里有悬在梁柱上编织得很好的吊床。"印第安人的卧床和被褥都像是用棉线网织的和编织的。"虽然西班牙人还遇到过一些作为装饰品戴着一小块黄金的印第安人，但是他们在这个岛上没发现有金矿的迹象。

西班牙船队在巴哈马群岛中航行了两个星期，哥伦布看到了许多不认识的植物，这些植物开着奇花，结着异果。哥伦布在 10 月 15、16 日的记述中以赞美的口吻描写了这个群岛的自然风光，着重描写了各种各样的植物，他从来没有见过这些珍贵而又美丽的植物，它们可以作

巴哈马群岛

为草药或香料使用。他采集了一些植物的标本，随身携带。使他感到惊讶的是，他在这里没有看到"绵羊，也没有看到山羊，更没有看到其他种类的家畜"。"我尽一切可能向前航行，到达我能找到黄金和香料的地点。"

西班牙人登上的巴哈马群岛最后一个海岛被命名为伊萨伯拉岛（即现今的克鲁克德岛）。

发现古巴

海员们从土著人那里得知，在伊萨伯拉岛以南"有一个古巴岛，照印第安人的话来说，这是一个很大的岛，能够进行大宗的贸易"。哥伦布调整航向，于 10 月 28 日"驶进一条十分迷人的河流的河口"（位于古巴的东北海岸）。哥伦布根据土著人的手势、表情弄明白了，这片陆地的面积是这么辽阔，以致乘船用 20 天时间也不能环绕它一周。于是他决定停留在一个被叫做东亚的半岛近旁，但是这里没有富有的城市，没有国王，没有黄金，也没有香料。

人类旅行史上伟大的冒险

RENLEILUXINGSHISHANGWEIDADEMAOXIAN

船队沿古巴的北海岸向西航行了不长的一段路程，在那里不时地遇到一些不大的村庄。在一个地方，司令派出了两个人登上海岸，命令他们到内地去寻找土著人的"国王"，以便与土著人建立联系。被派出的二人中有一个人会说阿拉伯语，但是在这个奇异的国家里甚至没有一个人懂得阿拉伯语。派出的人走到离海岸线较远的地方，发现了一些有高大房屋的村庄，村庄的周围是绿色的田地，田野上生长着欧洲人未曾见过的农作物。欧洲人只认识一种植物，这就是棉花。在这些房子里他们看到成包成包的棉花，妇女们用棉花织出了很粗糙的布或者捻出了棉纱。这些外来人所碰见的男女"行走时手里拿着一根类似通火棍的木杆，上面装着野草，用来吸烟"。欧洲人第一次看见人们是如何吸烟草的。这些为欧洲人不熟悉的经济作物——玉米、马铃薯和烟草等后来流传到所有有人居住的大陆。

哥伦布的船只又需要重新修理，因此船队在古巴的东北海岸边停泊了大约两个星期。把船修好后，哥伦布沿古巴海岸向西北航行，在没有到达一个群岛之前（哥伦布称其为国王花园群岛，即现今的卡马圭群岛），他走过了一段不长的路程。

古巴当时人口稀少，哥伦布认为向西继续航行是毫无意义的。他当时想，他可能到达中国最贫瘠的地区，然而在中国以东也许是最富饶的日本群岛。于是哥伦布调转船头沿着古巴海岸向东行进。11 月 20 日，马丁·平松率领的平塔号船隐匿不见了，哥伦布猜想这是背叛。他推测，平松的哥哥想

古巴海岸风光

私自去发现金矿。平塔号逃跑后，哥伦布慢悠悠地向东航行了两个星期，到"海岸线向南延伸的地方，他才朝着西南方向驶去"（这时哥伦布已航行到古巴的东部顶端）。

在随后的航行中，哥伦布又发现了海地岛。1493年年初，饱经风浪之苦的船员们都要求返回西班牙。1月16日，尼尼亚号驶进大洋，朝着西班牙方向驶去。1493年3月15日，哥伦布驾驶尼尼亚号航船抵达帕洛斯港，回到祖国。

哥伦布给西班牙带回了他在西方发现了陆地这一令人振奋的消息，他还带回了许多黄金，同时还运回了几个欧洲人从未见过的的岛民。人们把这些岛民叫做"印度人"（印第安人）。

发现牙买加

1493年5月29日，西班牙国王授予哥伦布海洋司令和已被发现的岛屿和大陆总督头衔。一个由17艘船组成的新船队很快被装备起来，其中有三只大船，哥伦布在最大的一艘——玛利亚·卡兰特号上升起了指挥旗。1493年9月25日，哥伦布的第二个探险队从加的斯港启程。

在最初的航行中，哥伦布发现了小安的列斯群岛并看到了食人族——加勒比人，在1493年年底，他们攻占了比较富庶的伊斯帕尼奥拉岛上的伊萨伯拉城，并将其变成自己国家的殖民地。

哥伦布在伊萨伯拉城留下了一支由他的弟弟迭戈指挥的强大守备军，然后于1404年4月24日率领三艘不大的船向西航行，去"发现印度大陆的陆地"。他航行到古巴最东部的海角。当他完全"确信"古巴就是亚洲大陆的一个部分后，他把这个海角命名为阿尔法·依·奥迈卡（意为"主要的"）。

牙买加岛

绕过这个海角后，哥伦布沿着古巴的东南海岸向西前进。"在他的面前不时地出现一些优良的海湾和高耸的山峰……"这是马埃斯特腊山脉和它的高 2000 米的图尔基诺峰——古巴的最高点。在此,他调整了航向,朝南驶去。据拉斯·卡萨斯说:"因为司令(指哥伦布)随身携带的印第安人让他经常注意(南部)不远的地方有一个牙买加岛。这个岛有很多黄金……"经过两三天航行后,确实发现了上面所说的那个海岛。哥伦布给那个海岛取了一个基督教名称:圣地亚哥。

赤身露体的印第安人用各种各样的颜色装饰着自己,但是大部分人用的是黑色。他们头上戴着羽毛装饰品,乘坐着大大小小独木舟,丝毫也不胆怯地向大船驶来。当西班牙人驶近海岸时,他们试图阻止西班牙人登岸。哥伦布下令向他们射箭,"六个或七个印第安人被射伤后,他们认为还是停止对抗为好。于是一大批乘坐着印第安人的独木舟从周围各处拥向大船,这次他们表现得既温顺又平静。印第安人送来了食物和他们全部的东西,他们情愿把运来的东西给基督教徒们以换取任何东西"。司令沿牙买加岛的北岸航行到西经 78 度。"尽管这个岛在各方面如同人间天堂一般",但是在岛上"既没有找到黄金,也没有找到其他金属"。

5 月 14 日,哥伦布返回古巴,到达克鲁斯角。此时雷电交加,狂风暴雨,海水很浅,每向前行进一步航船都有搁浅的危险。哥伦布时而沿不熟悉的古巴南岸航行,对面离开海岸行进,目的是取直线前进。哥伦布小心翼翼地向西航行,在他的面前出现了一个奇怪的群岛。"司令越向前走,数不清的低矮的小岛就越稠密。一些小岛很像沙石浅滩,另一些小岛上布满了灌木林,有的小岛显得很低,刚刚露出水面。离古巴海岸越近的小岛,越显得绿荫可亲……由于这些小岛为数极多,无法数清,不能给每个小岛取一个专门名称,所以司令把这些岛屿统称为哈尔迪内斯—德雷纳群岛(王国花园)。小岛之间有许多水道,航船可以穿过这些水道行驶。那里的海水只有三个胳膊多深。"(拉斯·卡萨斯)

哥伦布在这个岛屿林立的迷宫里穿梭向西航行了 25 天。每天傍晚时刻风暴四起,大雨倾盆。哥伦布本人和他率领的人员常常昼夜都不能合眼。指挥船的船底不止一次地碰到了海底,他们竭尽全力不使船只搁浅。6 月 3 日,水兵们登上了遍地沼泽和布满森林的古巴一条海岸(大约是位于西经 81~82 度的萨帕塔半岛)。

向西的海水是这样浅，致使哥伦布不准备继续向前航行了。他调转船头向南驶，看见一个大岛，他把这个岛命名为埃旺赫利斯塔岛（即现今古巴西部附近最大的海岛——皮诺斯岛）。他在那里停泊了大约两个星期，以便让船休整。从 6 月 25 日到 7 月 18 日这段时间里，哥伦布向东南返回航行。他穿过前面所说的岛屿密布的水域回到了克鲁斯角。

哥伦布让自己的人员在克鲁斯角休息数日后，想直线航行到伊斯帕尼奥拉岛。但是由于遇到了逆风，所以被迫于 7 月 22 日向南航行，朝着牙买加岛驶去。哥伦布从西面和南面环绕了"这个绿荫覆盖、风景秀丽的幸福陆地"。

伊斯帕尼奥拉岛

岸上到处能看见村庄，"……所遇到的港湾一个比一个好。无数的独木舟尾随着他们的船只，印第安人款待基督教徒们，给他们送来食物，像尊敬他们的父辈一样地尊敬这些外来的人……可是，每天傍晚的风暴和大雨不停地折磨着船员"。

三条船的船舱全部漏水。幸运的是 8 月 19 日天气变好。次日，哥伦布穿过牙买加海峡向伊斯帕尼奥拉岛的西南海角驶去。经历了 40 天之久，哥伦布探察了这个岛西班牙人未曾去过的南部沿岸区，直到 9 月 29 日才返回伊萨伯拉城。返回时，哥伦布已经精疲力尽，他身染重病，卧床 5 个月之久。

发现新大陆

第二次探险回国后，哥伦布不明白，为什么至今没有在西印度遇到大量的自然财富。他从一个犹太珠宝商那里了解到，所有珍宝之类的东西都来自南部地区，那里居民的皮肤呈黑色或褐色。

因此哥伦布开始筹备第三次探险，1498 年 5 月 30 日，哥伦布的船队从桑卢卡尔满港启程，向加那利群岛驶去，然后航向直指南部地区，朝着佛得角群岛驶去。从佛得角群岛起转向西南，竭力保持靠近赤道线，以便最终找到黑人居住的大陆。

6月31日，一个水兵在指挥船的桅杆上看到了西部有一块陆地，他能够看清的是好像有三个土堆或者三个山丘。这是一个大岛，哥伦布把这个岛命名为特立尼达（意为"三位一体"）。次日，航船沿这个岛的南岸佩夏内角（伊卡科斯，即特立尼达岛的西南角）航行。

佛得角群岛

从西面可以看到一块陆地，这就是南美大陆的一部分地区和奥里诺科河三角洲。哥伦布把这片土地称为格拉西亚之地（幸福之地）。哥伦布航抵佩夏内角时，看到海岛与格拉西亚之地被一条宽约2里卡（约10千米）的海峡相隔。

第二天，一只大型独木舟从东边驶向佩夏内角，舟上有24个来自特立尼达岛的武士。

哥伦布在日记中写道："他们是一些年轻人，四肢匀称，肤色不黑，比我见过的印第安人个子高大得多。他们的体形既端正又美丽，他们的头发又长又松软，剪得像卡斯蒂利亚人一样。头上缠着用各色棉纱织成的头巾，工艺精细……一些人的腰上还缠着棉布，以此来代替裤子。独木舟离我们的航船还有好远距离时，舟上的人就开始对我们喊话。不论是我还是我的同伴们谁也听不懂他们的话。我除了大声呼喊让他们向我们的船靠近外，别无他法。我命令把鼓搬到船塔上，吩咐年轻水兵们跳起舞……但是，他们刚一听到鼓声和看到跳舞的人，便放下船桨，手拿弓箭，准备对我们射箭，同时用盾牌（木制的）掩护着自己的身体。他们的箭向我们射来了，乐曲和跳舞停止了。我下令对准他们张弓射箭。他们以飞快的速度游向另外一只独木舟，并突然出现在舟尾的一旁。"

这条独木舟的头领显得迷惑不解，把一件短上衣和帽子递给一位武士，然后登上海岸。可是后来他们又爬上了独木舟向东边划去。

这天，哥伦布派出一只小船去海峡进行测量。看来这条海峡的水深完全适合船只航行，然而"海湾的水朝着两端流去"。借着顺风，哥伦布的船只穿过这个海峡，哥伦布把这海峡叫做包卡－德拉－色尔比（蛇渊）。从海峡向北，海水显得很平稳。哥伦布偶然汲了一点水，发现这里的水是淡水。他向北航行，一直走到一座高山之旁，这是帕塔奥峰（1070 米），位于多山的帕里亚半岛的东部顶端。帕里亚半岛把帕里亚湾与加勒比海截然分开了。

"那里有两个高耸的海角：一个在东边，属于特立尼达岛；另一个在西边，属于大陆。我把这块大陆称做格拉西亚。那里的海峡显得很窄，比佩夏内角的海峡还窄。海水照样朝着两侧流去，汹涌澎湃，如同在这个海角的岸边一样。海水很像淡水。"

哥伦布把这条位于特立尼达与大陆之间的北部海峡命名为包卡—德拉—特拉贡（意为"龙渊"）。哥伦布沿格拉西亚之地（即沿帕里亚半岛的南岸）向西航行。在航进中，发现海水越来越淡。航船抛锚停泊的地方，半岛显得十分宽阔，群山向北方隐去。

"土著人……乘坐着为数极多的独木舟向我们的船只蜂拥而来，许多人的胸前挂着一个大大的金牌；一些人手腕上戴着珍宝首饰……他们对我说，在这块陆地的北部地区出产珍珠。"

哥伦布派人登上海岸，他们受到了印第安人热情亲切的接待。然而哥伦布不能在那里久停，因为给伊斯帕尼奥拉岛上的移民运送的粮食已经开始腐烂，况且他本人也身染重病，双目几乎失明。他以为格拉西亚之地是个海岛，所以顺着这个海湾的海岸向东和向南航行，白费力气地寻找着它的出口。

"在还没有抵达一个非常宽阔的海湾以前，我就这样行驶了很长一段路程。在这个海湾里看来有四个中等面积的港口，其中一个港口是一条大河的河口，河水到处都有五胳膊深，是淡水，该河的水量很大。"

按照对珍珠湾（帕里亚湾）大陆沿岸的这种完全确切的描述可以断定，

哥伦布发现的这条大河是奥里诺科河三角洲西边的一条支流。由于这个发现，他所观察到的奇异现象得到了无误的解释，知道为什么海湾里形成了许多旋涡（海潮与河水相遇而形成的）和海湾内的水是淡水。但是这里产生了另一个难以解释的谜：这条大河起源于何地，是怎样形成的？哥伦布不能再迟疑了，他从被他发现的大河河口出发，向东北航行，趁着顺风，平安地把航船引出了龙渊，驶进大海。

哥伦布从龙渊海峡到阿拉亚半岛的西部顶端，对格拉西亚之地（即南美大陆）的北部海岸进行了长约 300 千米的考察。

哥伦布的远航是大航海时代的开端。新航路的开辟，改变了世界历史的进程。它使海外贸易的路线由地中海转移到大西洋沿岸。从那以后，西方终于走出了中世纪的黑暗，开始以不可阻挡之势崛起于世界，并在之后的几个世纪中，成就海上霸业。一种全新的工业文明成为世界经济发展的主流。

南美大陆风光

平松发现巴西

1499 年 11 月，哥伦布第一次探险的著名参加者（尼尼亚号船长）维森特·亚尼斯·平松从帕洛斯港出发去寻找新地和开采海外矿藏。他率领了一个由 4 艘船组成的船队，这些船是用他私人的以及平松家族其他成员的资金装备起来的。从佛得角群岛的圣地亚哥岛起，他向西南航驶。在西班牙航海史上他是第一个穿过赤道线的人。经过 2 个星期航行后，在 1500 年 1 月底，他出其不意地发现了陆地——这是个大陆的东部海角，接近于南纬 6°。平松和公证人一起登上这个后来被称为巴西的海岸。平松尝了尝这里的

35

泉水，下令砍倒几根树木做成十字架，然后把这些十字架竖在地面上，以卡斯蒂利亚国王的名义宣布这个地区已被占领。他们想与印第安人展开不通话的贸易，但是没有成功。

此后，他们朝着西北方向行驶。过了几天，陆地在他们的眼前消失得无影无踪。他们取了点海水一看，好像是淡水，人们完全可以饮用。他们向海岸航驶，可是他们行进了 200 多千米路程才抵达海岸线。在此他们发现了一条水量充沛的河流的河口（帕拉河——亚马逊

巴西海岸

河三角洲的一条南部支流）。在帕拉河以外的岛屿（马拉若岛和其他岛屿）上居住着赤身露体的印第安人，这些印第安人的身上和脸上都画着花纹。印第安人十分友好而又信任地接待了这些外来人，然而这些外来的人却抓走了 36 个印第安人作为奴隶出卖了。平松在靠近赤道线上发现了世界上水量最充沛的大河——亚马逊河。这条河的河水把河口对面的一部分海域变成了淡水海（平松把它称为马尔·杜尔塞）。在河口三角洲的一些岛屿外侧海面上，水手们用极其简单的方法测得：在 12 米之下才有咸水。

离开亚马逊河河口后，平松先向北航行，然后沿着多变的海岸线向西行驶，到达奥赫达探险队曾经探索过的圭亚那。在这个地区，平松发现了长达 3000 千米左右的新大陆东部沿岸地区。然后，他穿过帕里亚湾和这个海湾的海峡，沿着小安的列斯群岛向伊斯帕尼奥拉岛驶去，沿途发现了多巴哥岛（位于特立尼达岛的东北部）。

平松在这些再次被发现的陆地上没有找到任何可供开采的矿藏，于是他像他的先行者奥赫达一样，前往巴哈马群岛去捕获奴隶。在前往巴哈马群岛的途中，即在伊斯帕尼奥拉岛北部的北纬 22°处，他的船队遇到了风暴。在这场风暴中他的两艘船沉没了，剩下的两艘船装运一点微不足道的

巴西木材，于 1500 年 9 月底回到帕洛斯港。这次探险的结果使平松完全陷于破产，债主向法院控告了他。这个案件拖延了 5 年之久，后来国王下了一道命令才得以结束。国王的命令说，王室对平松组织的这次新的探险活动甚感兴趣，从而了结此事。

在平松出发后大约过了 2 个月时间，1499 年 12 月，达戈·列比的两艘探险船从帕洛斯港启航。列比同样选择了西南航向，他不迟于 1500 年 4 月航抵新大陆的一个东部海角。列比继续向前航行，大约到达南纬 10 度线时，他发现海岸线继续向西南延伸。在此西班牙人正式把这个新的地区划为自己的领地。

列比在这个地区没有找到任何有价值的东西，于是他调转船头向北和向西北驶去，开始在亚马逊河三角洲的一些岛屿上捕捉奴隶。但是，从痛苦教训中吸取了经验的印第安人对列比展开了激烈反抗，因此列比损失了 11 个人之后被迫退走了。帕里亚湾沿岸的印第安人也手持武器迎击西班牙人，然而西班牙人在这些地区取胜了。他们把捕捉来的印第安人装满了船只，运回西班牙出卖。他们返回西班牙的时间是 1500 年秋季。列比把他发现的新大陆东部沿海地区标在地图上，随同地图还附上了他的一份正式报告。

这样，在两年时间内（1498～1500 年），新的南大陆的轮廓从模糊不清的迷雾中呈现出来了，但这仅仅是它的北部和东部海岸。看来，这块大陆在赤道以南还有辽阔的地区，因此，在西方发现的这块大陆无论如何也不能说完全是位于北半球的亚洲。

▌印度航线的开拓者伽马

葡萄牙国王裘安二世在位时，他对西班牙的哥伦布航海取得的成就十分羡慕，他盘算着派遣船队横渡大西洋压过西班牙。这时他收到一个书面报告，说葡萄牙船队可绕过非洲南岸，再沿东海岸航行几百千米，即可到达一个港口，那里有定期来往印度与阿拉伯之间的船只。裘安二世看完报告后立即决定建立前往印度的远洋船队，并在里斯本动工建造大船。可不久他就去世了，继位的是曼努尔一世。

曼努尔一世登基两个月，便向议会提出了打通印度航线的计划。在议会多数的支持下，他派遣经验丰富的伽马率队从底吉约河出航。

伽马大约于1450年生于葡萄牙南方海港希尼斯，青年时代在艾瓦拉学习过数学和航海技术，后又服务于舰队，擅长于指挥。

这位年届40的指挥官，现在面临着各种考验：航海时间比以前长，必须忍耐和克服可能遇到的种种困难，对付伊斯兰世界的海上挑战，处理与陌生的东方世界国家的关系，为葡萄牙的商人和传教士开路。

1497年7月8日，伽马率领整齐的队伍从里斯本市内向码头走去。僧侣们手持点燃的蜡烛为他们祈祷。170名船员登上4艘船，伽马乘坐旗舰"圣卡布列尔号"，重200吨，由伽马的弟弟保罗任船长的是同样大小的圣拉斐尔号。第三艘巴利欧号约100吨重，还有一艘是运粮船。

船队驶向离加纳利群岛相当远的南方，在佛得角群岛补充新鲜的食物和饮水之后，于8月3日继续向东南航行。他们走了一条弧形航线，先向西南，后转东南，以避免进入几内亚湾的无风带和遭遇险恶的海流。连续航行了96天，由于缺乏新鲜水果和蔬菜，大部分船员都得了坏血病。11月4日登上了一块陆地，他们将这里命名为圣赫勒拿湾，用星盘做了测定之后，弄清了这里在好望角北方190千米处。他们在此修理船只船具，采集食品、淡水、木材。

在此停留期间，葡萄牙人曾与当地土著发生了激烈冲突。开始是伽马为了了解当地情况，派人捉住了一名正在采蜜的黑人。伽马在船上送了他许多粮食和衣服，并护送他平安上岸。果不出伽马的预料，很快就吸引来了许多人。在开始的一两天内，双方关系还很好，后来有一名性格粗暴的船员惹恼了土著，发生了冲突，伽马脚上也受了轻伤。石头和掷枪不断投来，他只好命令船员急速启航。绕过好望角，来到了莫塞尔湾。他们在这里把粮食分装到各船上，把原来装粮的船毁掉，轻装前进。再绕过阿哥亚湾后，终于进入了印度洋。

他们首先停靠在克利马尼港，在此休息了整整一个月，使坏血病患者恢复了健康。接着沿海岸向东北航行到莫桑比克，这里是伊斯兰教徒的天下，港口停泊着许多阿拉伯商船，商品中有令人垂涎的金银、香料、宝石等等。当地人没有见过阿拉伯世界之外的船只，所以也把伽马的船队当作阿拉伯商船来欢迎。当伽马通过翻译向他们说明自己是基督教徒之后，当地官员马上改变了态度，船员上岸取水时也受到攻击。伽马下令用炮轰击岸边城堡，杀伤了许多当地居民，最后才取到了水。到蒙巴萨（肯尼亚境内）时，他们也受到了猛烈攻击。而东北方的马林狄，就是 89 年前郑和船队到过的"麻林国"。它们与蒙巴萨一向处于对立状态，所以伽马船队到达此地时大受欢迎。当地国王穿着花缎长袍，热情地接待了伽马，并在王宫设宴款待，搞了 9 天的祭仪。伽马向国王请求派一名海上领航员帮助船队，国王欣然允诺，委派了精通航海技术的阿马得·佑恩·马吉特。他在船上亲自掌舵，只用 23 天时间就顺利地横渡了印度洋。

领航员在 5 月 18 日清晨告诉伽马："印度就要到了!"果然，人们看到了远方的陆地。三天后，他们到达了印度西南海岸的中心港口——卡利库特（这就是郑和远航时到达的古里国）。一眼望去，马可·波罗笔下的富庶繁荣景象出现了。当居民们得知船队来自葡萄牙时，感到极其惊讶。他们问

印度洋一角

道："你们为什么要远离故乡到这里来呢?"一句简单的、集中地表达了葡萄牙人 80 年来努力争取的目标的答复是："我们来找香料。"

阿拉伯商人长期垄断着东西方之间的贸易，印度商人如果得不到明显的好处，他们是不愿意让葡萄牙人占了便宜而得罪阿拉伯人的。而伽马船队能拿出来的无非是黄油、蜂蜜、红帽子、衬衫、铜铃和珊瑚做的念珠之类。拿这些东西唬一唬非洲未开化的土著还可以，在繁华的印度就显得太

寒酸了。伽马只得谎称这些东西并不是葡萄牙国王准备的交易品，而只是他这个穷困的旅行者自己花钱买来的。

伽马在当地停留了 3 个月，5 月 28 日会见了卡利库特国王。这一天，船上鸣炮，伽马乘上东方的轿子进入市区，先被安置在一座寺庙中。这里供着印度神及女神，墙上满是壁画。葡萄牙人误以为这里供奉的是圣母玛丽亚及诸圣者的雕像，还以为这里的宗教是属于原始基督教的一派。天黑时，伽马被引到王宫。

卡利库特国王懒洋洋地躺在绿天鹅绒卧椅上欢迎他。伽马看到国王嘴里嚼着槟榔，手持一个约 4.5 升的大金杯，旁边放着一个大型金盘，大得要用两只手才能围抱起来，盘中装满了香料。这一次见面唯一的成果是国王同意葡萄牙人在当地贩卖带来的货物。如上所述，没有上等的货物，就不可能有上等的生意。两个月过去了，货物还未脱手，条纹布堆放在货栈中，无人问津。他们只能用铜、水银和珊瑚等交换香料。

在酷热的夏天，一连几个月，伽马想方设法与卡利库特国王订立贸易协定，阿拉伯商人则从中作梗，说他们是海盗。性急的伽马不堪忍受了，就野蛮地抓了 6 名当地贵族做人质，以迫使国王改变态度。直到 1498 年 8 月 29 日船队即将回国之前，国王才请伽马交给曼努尔国王一封信，同意与葡萄牙人进行商品贸易，要求他们带着金银、珊瑚和红呢绒来换取肉桂、丁香、胡椒等。伽马终究算是完成了使命。

在归国途中，伽马一行经历了许多风险。风向不顺致使延长了航期，有 30 名船员死于坏血病。因缺少人手，不得不把船员集中在两条船上，毁掉了圣拉斐尔号。伽马于 1499 年 9 月初返回葡萄牙，全程共花 26 个月的时间。出发时是 170 人，归来时只剩下 55 人。失掉的 100 多人中有伽马的弟弟。

伽马后来又两次到达印度，并被任命为印度总督。伽马通航印度，促进了欧亚贸易的发展。在 1869 年苏伊士运河通航前，欧洲对印度洋沿岸各国和中国的贸易，主要通过这条航路。这条航路的通航也是葡萄牙和欧洲其他国家在亚洲从事殖民活动的开端。

巴尔波亚发现太平洋

1511 年，西班牙军官巴尔波亚带领着一支 300 人的部队开始对金卡斯蒂利亚的腹地展开征服活动。巴尔波亚知道，他的这点力量不足以征服这个地区，于是他利用各土著部落之间的仇视和敌对情绪，与一部分部落结成同盟来战胜另一部分部落。他的同盟者向他提供粮食，或者拨给西班牙人一部分土地并代为耕种。他把敌人的村庄抢劫一空，然后夷为平地，把俘虏来的人出售。邻近一个部落的酋长看到这些欧洲人对黄金如此贪婪，感到十分惊讶。他对他们说，从达连湾向南再走几天路程，那里有一个人口稠密的国家，在那个国家里黄金很多，然而要征服它需要有强大的力量。这个部落酋长还补充说，从那个国家的高山顶尖上能够看见另外一个海（即太平洋），在那个海上航行的船只不比西班牙的船只小。

太平洋

经过两年之后，巴尔波亚才决定向南海（太平洋）远征。1513 年，他乘船离开了阿特拉托河河口，沿大西洋海岸向西北航驶，他行驶了大约 150 千米后登上海岸。为了威吓印第安人，巴尔波亚假惺惺地借口一些男人犯了用妇女围裙一样的布遮住他们的裸体进行鸡奸罪，在征服过程中放开猎狗去追捕他们所称的"罪犯们"。

经过这次残暴的迫害之后，巴尔波亚和他的几十个同伴翻过了一条山脉，这条山脉上森林密布，西班牙人经常不得不用斧头砍倒树木开路行进。巴尔波亚从这条山脉的顶尖望去，确实看到了一个宽阔的（巴拿马）海湾，海湾以外是无边无际的南海（太平洋）。9 月 29 日，巴尔波亚驶向被他命名的圣米格尔港。等到海潮来临时，巴尔波亚已经进入水中，高高举起卡斯蒂利亚国旗，庄严地宣读了公证人起草的证书："……我已经为卡斯蒂利亚国王占领了南部的这些海洋、陆地、海岸、港湾和岛屿，占领了这里的一切……如果某个国王或领袖，某个基督教徒或撒拉逊人对这些陆地和海洋提出主权要求，那么我将以现在和过去的卡斯蒂利亚国王的名义以武力相争，并与其进行战斗。卡斯蒂利亚国王对印度的这些地区拥有主权和统治权。对从北极到南极的海岛、南大陆、北大陆和它们的海洋，以及赤道的两侧，不论是拉克座和摩羯座的内外地域……现今和今后永远拥有主权，直到世界还存在，直到对一切濒于死亡的世代进行可怕的审判为止。"

巴尔波亚返回达连湾的海岸后，给西班牙送回了一份关于他伟大发现的报告，同时呈献所得财物的 1/5，这些财物是一大堆黄金和 200 颗精美的宝石。

金卡斯蒂利亚新任总督阿维拉是一个疑心重重和贪得无厌的老头，他率领了一支 22 艘船的船队驶向巴拿马地峡。大约有 1 万个"没有工作的"贵族愿意不领取任何报酬与他一起出海航行，但是被派去的仅有 1500 人，这些人属于"西班牙贵族的精英"。阿维拉来到这个殖民地后，向巴尔波亚宣读了国王的圣谕。

黄热病使新来的人死亡很多。粮食不能满足这么多人的需求，身穿绸缎的武士们因饥饿而死亡的事屡见不鲜。阿维拉把西班牙人分成了若干个不大的小队，派往各地去寻找食物，抢掠黄金、珍珠和捕获奴隶。这些"西班牙贵族的精英"烧毁和抢掠印第安人的村庄，屠杀不幸的印第安人。正如巴尔波亚给西班牙的信中所写的，他们"由温顺的小绵羊变成了残暴的豺狼"。巴尔波亚本人在阿特拉托河上游的探险中首先遭到失败，但是与此同时他却得到了西班牙国王所赐新的较高地位，所以阿维拉把他看作是一个极危险的对手。为了赢得时间，阿维拉建议把他居住在西班牙的女儿许配给巴尔波亚。婚约签订了，于是，阿维拉的妻子动身回西班牙告诉女儿。阿维拉委托巴尔波亚继续对南海进行发现，为此还向他提供了一个小队的士兵，并允许他在巴拿马湾建造航船，但是事后又指控巴尔波亚出于个人的恐惧情绪图谋进行探险，并把大批士兵拖向那里。总督于是下令让皮萨罗率领的一支部队逮捕了巴尔波亚。根据阿维拉下达的命令，这个发现了太平洋的人因变节罪被送上法庭审判，并于 1517 年被斩首。

格里哈利巴发现墨西哥

1518 年，西班牙人在古巴组建了一支庞大的探险队，这支探险队的领导人是胡安·格里哈利巴，他指挥了 4 艘船和一支由 240 名士兵组成的小队。主舵手是阿拉米诺斯，彼尔纳尔·迪亚斯是这个探险队的参加者。船队沿哥尔多巴走过的航线向西行驶，但海流却把船队推向南方，此时，他们在尤卡坦东岸附近发现了一个名叫科苏梅尔的海岛。岛上的居民一看见西班牙人就惊惶得四处逃奔，但是西班牙人在此地未作停留，继续向前航行。

格里哈利巴决定首先惩罚钱波通的居民，因为他们消灭了哥尔多巴的小队。一大队士兵登上海岸。身上涂着白、黑两种颜色的印第安人全副武装地等待着西班牙人。在登陆时已经有一半人受伤了，在海岸上，西班牙人身穿棉织甲胄又迎击了印第安人的进攻，结果 7 人死亡，60 人受伤，格里啥利巴也受了伤。经过

印第安人头像

这场残酷的战斗后，尽管西班牙人取得了胜利，但是他们损失惨重，从此以后他们的行动表现得温和一些。

离开捷尔米诺斯礁湖后，西班牙人的船只沿着未被探索过的海岸小心翼翼地向西行驶。他们只在白天行驶，过了几昼夜，他们到达塔瓦斯科大河河口（即现今的格里哈尔瓦河）。岸上出现了成群的印第安人，从森林的四周传来了树木倾倒的喧嚣声：印第安人砍倒大树，堵截道路，以便于与

西班牙人展开决战。但是西班牙人登上了海岸，又很快用小船向登陆点运来了大批全副武装的战士。格里哈利巴通过被俘的印第安人翻译传话给印第安人的头目，让他们毫无顾虑地前来谈判。双方交换了礼物。印第安人送来了鱼、母鸡、水果和玉米饼，他们把一块棉布手帕铺到地上，上面放置一些用粗金制成的艺术品，还拿来了几件斗篷。印第安人说，他们再没有更多的黄金了，可是在他们的西边有一个国家，那里的黄金很多。同时，他们反复地说着一个词——墨西哥，西班牙人当时不明白这个词是什么意思。尽管这些礼物的价值不高，但是全体士兵都很高兴，因为这个地方有黄金。他们立即启航，去寻找印第安人所说的拥有大量黄金的国家。

海岸线朝着西北方向弯转。在一个河口区附近西班牙人看见一群印第安人，他们拿着长矛，长矛上系着迎风招展的白旗。这些人邀请外来人登上海岸。这是阿兹特克人的最高首领、墨西哥的君主蒙特苏马派来的人们。这位君主知道在尤卡坦海岸上发生的事件，他还知道这些外来人下一步的行动是向北推进，目的是寻找黄金。于是他下令沿岸地区的居民拿出黄金制品去换取海外的"商品"，以便于探听到这些卡斯蒂利亚人到哪里去和去干什么。四面八方的村庄立刻拿来了许多金制首饰，虽然这些首饰是用粗金制成的，工艺非常粗糙，但是用这些西班牙人从未见过的首饰却换来了许多玻璃项珠。格里哈利巴照常规占领了这个地区，并作了与此相应的公证文件。

船队继续朝着西北方向航行，西班牙人很快发现了一个不大的群岛，他们派了一只小船前去查探。在一个小岛上西班牙人发现了几座石头建筑物，沿着建筑物的台级可以登上祭坛。"祭坛上有几个看了使人厌恶的偶像神，这是印第安人的神灵，每天夜里他们都要把 5 个印第安活人作为祭品献给神灵。他们把献给神灵的印第安人的躯体砍断，剖开胸腔，连同被割下的手脚堆放在这里。这些建筑物的墙壁被鲜血染成了黑红颜色。"

过了一些日子，西班牙人登上一条砂石海岸，并在那里的沙丘高地上建造了一些房子，因为在沙丘的下面不能防御蚊虫的袭击。海上不远的地方有一个小岛，西班牙人在那个海岛上发现了一座神庙，庙里住着 4 个身穿黑色斗篷的印第安祭司。"这天，他们把两个男孩子作为祭品，剖开了他们的胸腔，把血淋淋的心脏作为贡品献给他们肮脏不堪的神灵。他们想哄骗我们，但是我们没有上当。用这样残酷的手段杀死小孩的情景简直使我们震惊不已。"西班牙人通过印第安翻译问他们，为什么要杀死这两个男孩子？他们嘴里嘟嘟嚷嚷地说："库鲁阿，库鲁阿。"这样，西班牙人把这个岛称为圣胡安·德·乌卢阿岛。岛上有一个优良的海湾，西班牙人征服了墨西哥之后，长期以来这个海湾成了新西班牙最重要的港口（位于韦拉克鲁斯的对面）。

格里哈利巴派了一艘船前往古巴报告这里发生的一切事情，并带上了所得的黄金。而他自己却乘坐剩下的船只继续沿墨西哥海岸航行，他一直航行到帕努科大河的河口，海岸从此向北弯转。航船严重漏水，冬季来临，船上的给养已经快耗尽了，于是他们调转船头，返回古巴。

墨西哥

格里哈利巴的探险队发现了一个高度文明的国家——墨西哥，并探察了从捷尔米诺斯礁湖到帕努科河河口全长约 1000 千米的全部墨西哥湾的西部海岸。然而，对西班牙人来说最重要的收获是，格里哈利巴和他的士兵们运回了大批精巧的黄金首饰。

▌麦哲伦的环球之行

麦哲伦，1480 年出生于葡萄牙北部波尔图一个破落的骑士家庭里，10 岁时进王宫服役，随国王约翰二世和王后游历全国各地。16 岁进入国家航海事务厅。1511 年他跟随新任印度总督阿尔布克尔克参加攻占马六甲。他在东南亚参与殖民战争时了解到，香料群岛东面，还是一片大海。而且，他的朋友占星学家法力罗亦计算出香料群岛的位置。他猜测，大海以东就是美洲，并坚信地球是圆的。于是，他便有了做一次环球航行的打算。1511 年 12 月他作了一次侦察航行，到达班达岛后，带了一批香料于 1512 年回里斯本，次年随军攻打摩洛哥要塞阿萨莫尔，因受伤成终身跛脚。

麦哲伦

准备远航

33 岁时，他向葡萄牙国王曼努埃尔申请组织船队去探险，进行一次环球航行。可是，国王没有答应，因为国王认为东方贸易已经得到有效的控制，没有必要再去开辟新航道了。1517 年，他离开了葡萄牙，来到了西班牙塞维利亚并又一次提出环球航行的请求。塞维利亚的要塞司令非常欣赏他的才能和勇气，答应了他的请求，并把女儿也嫁给了他。

1518 年 3 月，西班牙国王查理五世接见了麦哲伦，麦哲伦再次提出了航海的请求，并献给了国王一个自制的精致的彩色地球仪。国王很快就答应了他。不久，在国王的指令下，麦哲伦组织了一支船队准备出航。

但是，葡萄牙国王曼努埃尔儿一世很快知道这一件事，他很愤怒麦哲伦为自己国家的竞争对手效力，更害怕麦哲伦的这一次航行会帮助西班牙的势力超过葡萄牙。于是，他不但派人在塞维利亚不断制造谣言，还派了一些奸细打进麦哲伦的船队，并准备伺机破坏，暗杀麦哲伦。

1519 年 9 月 20 日，麦哲伦率领"维多利亚"号等 5 条船和 270 名水手的船队出发了。船队在大西洋中航行了 70 天，11 月 29 日到达巴西海岸。由于这里是葡萄牙的领地，所以麦哲伦告诉船员们一定要小心，不要被葡萄牙人发现，因为根据 1494 年双方签定的《托尔德西里亚斯条约》规定谁

也不得进入和占领对方分的领土。第二年1月10日，船队来到了一个无边无际的大海湾。船员们以为到了美洲的尽头，可以顺利进入新的大洋，但是经过实地调查，那只不过是一个河口，即现在乌拉圭的拉普拉塔河。

3月底，南美进入隆冬季节，于是麦哲伦率船队驶入圣胡安港准备过冬。由于天气寒冻，粮食短缺，船员情绪十分颓丧。船员内部发生叛乱，三个船长联合反对麦哲伦，不服从麦哲伦的指挥，责令麦哲伦去谈判。麦哲伦便派人假意去送一封同意谈判的信，并趁机刺杀了叛乱的船长官员。

大西洋地图

不久，麦哲伦在圣胡安港发现了大量的海鸟、鱼类还有淡水，饮食问题终于得到解决。麦哲伦还发现附近还有当地的原住居民，这些人体格高大，身披兽皮；他们的鞋子也很特别，他们把湿润的兽皮套在脚上，上至膝盖。雨雪天就在外面再套一双大皮靴。麦哲伦把他们称为"大脚人"，并以欺骗的方法逮捕了两个"大脚人"，并戴上脚镣手铐关在船舱里，作为献给西班牙国王的礼物。

横渡太平洋

1520年8月底，船队驶出圣胡安港，沿大西洋海岸继续南航，准备寻找通往太平洋的海峡。经过3天的航行，在南纬52度的地方，发现了一个海湾。麦哲伦派两艘船只前去探察，希望查明通向太平洋的水道。当夜遇到了一场风暴，狂飙呼啸，巨浪滔天，派往的船只随时都会有撞上悬崖峭壁和沉没的危险，如此紧急情况，竟持续了两天。说来也巧，就在这风云突变的时刻，他们找到了一条通往太平洋的峡道，即后人所称的麦哲伦海峡。

麦哲伦率领船队沿麦哲伦海峡航行。峡道弯弯曲曲，时宽时窄，两岸山峰耸立，奇幻莫测。海峡两岸的土著居民，喜欢燃烧篝火，白日蓝烟缕缕，夜晚一片通明，好像专门为麦哲伦的到来而安排的仪仗队。麦哲伦高兴极了，他在夜里见到陆地上火光点点，便把海峡南

麦哲伦海峡

岸的这块陆地命名为"火地"，这就是今日智利的火地岛。

经过20多天艰苦迂回的航行，终于到达海峡的西口，走出了麦哲伦海峡，眼前顿时呈现出一片风平浪静、浩瀚无际的太平洋。后来，在两个月在他们兵分5路四处巡逻寻找小岛或陆地时，装载粮食最多的"圣安东尼奥号"逃走并返回西班牙。

太平洋处女渡

历经100多天的航行，一直没有遭遇到狂风大浪，麦哲伦的心情从来没有这样轻松过，好像上帝帮了他大忙。他就给当时被称为"南海"的海域起了个吉祥的名字，叫"太平洋"。在这辽阔的太平洋上，看不见陆地，遇不到岛屿，食品成为最关键的难题，100多个日日夜夜里，他们没有吃到一点新鲜食物，酒早已被喝光，只有面包干充饥，后来连面包干也吃完了，只能吃点生了虫的饼干碎屑，这种食物散发出像老鼠屎一样的臭气。船舱里的淡水也越来越浅，最后只能喝带有臭味的变质黄水。为了活命，连盖在船桁上的牛皮也被充作食物，由于日晒、风吹、雨淋，牛皮硬得像石头一样，要放在海水里浸泡四五天，再放在炭火上烤好久才能食用。有时，他们还吃了木头的锯末粉。

1521年3月，船队终于到达3个有居民的海岛，这些小岛是马里亚纳群岛中的一些岛屿，岛上土著人皮肤黝黑，身材高大，他们赤身露体，然

人类旅行史上伟大的冒险

RENLEILUXINGSHISHANGWEIDADEMAOXIAN

48

而却戴着棕榈叶编成的帽子。热心的岛民们给他们送来了粮食、水果和蔬菜。在惊奇之余，船员们对居民们的热情，无不感到由衷的感激。但由于土著人从未见到过如此壮观的船队，对船上的任何东西都表现出新奇感，于是从船上搬走了一些物品，船员们发觉后，便大声叫嚷起来，把他们当做强盗，还把这个岛屿改名为"强盗岛"。当这些岛民偷走系在船尾的一只救生小艇后，麦哲伦生气极了，他带领一队武装人员登上海岸，开枪打死了7个土著人，放火烧毁了几十间茅屋和几十条小船。于是在麦哲伦的航行日记上留下很不光彩的一页。

船队再往西行，来到如今的菲律宾群岛。此时，麦哲伦和他的同伴们终于首次完成横渡太平洋的壮举，证实了美洲与亚洲之间存在着一片辽阔的水域。这个水域要比大西洋宽阔得多。哥伦布首次横渡大西洋只用了一个月零几天的时间，而麦哲伦在天气晴和、一路顺风的

太平洋风光

情况下，横渡太平洋却用了100多天。

麦哲伦首次横渡太平洋，在地理学和航海史上产生了一场革命。证明地球表面大部分地区不是陆地，而是海洋，世界各地的海洋不是相互隔离的，而是一个统一的完整水域。这样为后人的航海事业起到了开路先锋的作用。

麦哲伦之死

一天，麦哲伦船队来到萨马岛附近一个无人居住的小岛上，以便在那里补充一些淡水，并让海员们休整一下。邻近小岛上的居民前来观看西班牙人，用椰子、棕榈酒等换取西班牙人的红帽子和一些小玩物。几天以后，船队向西南航行，在棉兰老岛北面的小岛停泊下来。当地土著人的一只小船向"特立尼达"号船驶来，麦哲伦的一个奴仆恩里克用马来西亚语向小

船的桨手们喊话，他们立刻听懂了恩里克的意思。两个小时后，驶来了两只大船，船上坐满了人，当地的头人也来了。恩里克与他们自由地交谈。这时，麦哲伦才恍然大悟，现在又来到了说马来语的人们中间，离"香料群岛"已经不远了，他们快要完成人类历史上首次环球航行了。

　　岛上的头人来到麦哲伦的指挥船上，把船队带到菲律宾中部的宿雾大港口。麦哲伦表示愿意与宿雾岛的首领和好，如果他们承认自己是西班牙国王的属臣，还准备向他们提供军事援助。为了使首领信服西班牙人，麦哲伦在附近进行了一次军事演习。宿雾岛的首领接受了这个建议，一星期后，他携带全家大小和数百名臣民作了洗礼，在短时期内，这个岛和附近岛上的一些居民也都接受了洗礼。

　　麦哲伦成了这些新基督徒的靠山。为了推行殖民主义的统治，他插手附近小岛首领之间的内讧。夜间，他带领 60 多人乘三只小船前往小岛，由于水中多礁石，船只不能靠岸，麦哲伦和船员50 多人便涉水登陆。不料，反抗的岛民们早已严阵以待，麦哲伦命令火炮手和弓箭手向他们开火，可是攻不

宿雾岛

进去。接着，岛民向他们猛扑过来，船员们抵挡不住，边打边退，岛民们紧紧追赶。麦哲伦急于解围，下令烧毁这个村庄，以扰乱人心。岛民们见到自己的房子被烧，更加愤怒地追击他们，射来了密集的箭矢，掷来了无数的标枪和石块。当他们得知麦哲伦是船队司令时，攻击更加猛烈，许多人奋不顾身，纷纷向他投来了标枪，或用大斧砍来。麦哲伦撤退时先被土岛民投来的标枪刺中腿部跌倒在地，爬起来继续跑但还是落在了队伍的后面，又被追上来的岛民们砍死，由于他的同伴们撤退紧急，连岛民们后来怎么处理麦哲伦尸体的都不知道。

继承遗志

麦哲伦死后，他的同伴们继续航行。1521 年 11 月 8 日，他们在马鲁古群岛的蒂多雷小岛一个香料市场抛锚停泊。在那里他们以廉价的物品换取了大批香料，如丁香、豆蔻、肉桂等堆满了船仓。由于一艘船出现漏水的情况，在被迫留下来修理时，和上面的船员一起被捕获，1527 年，仅有 4 人逃回西班牙，在东帝汶，他们在补充淡水时，有 4 个土著自愿随他们返回西班牙。

1522 年 5 月 20 日"维多利亚"号船绕过非洲南端的好望角。在这段航程中，船员减少到只剩 35 人。后来到了非洲西海岸外面的佛得角群岛，他们把一包丁香带上岸去换取食物，被准备再次去印度的葡萄牙人发现，又捉去 13 人，只留下 22 人。后来他们的船回国后，通过查理五世的谈判，那 13 人很快就被释放回国了。

1522 年 9 月 6 日，"维多利亚"号返抵西班牙，终于完成了历史上首次环球航行。当"维多利亚"号船返回圣罗卡时，船上只剩下 18 人了，5 艘船只带回来了维多利亚号。他们已经极度疲劳衰弱，就是原来认识他们的人也分辨不出来了。他们运回来数量十分可观的香料，一把新鲜的丁香可以换取一把金币，把香料换取金钱，不仅能弥补探险队的全部耗费，而且还挣得一大笔利润。

麦哲伦是第一个从东向西跨太平洋航行的人。他以 3 年多的航行，改变了当时流行的观念：从新大陆乘船向西只消几天便可到达东印度。麦哲伦船队的环球航行，用实践证明了地球是一个球体，不管是从西往东，还是从东往西，都可以环绕我们这个星球一周后回到原地。这在人类历史上，是永远不可磨灭的伟大功勋。他的壮举具有划时代的意义，堪与阿姆斯特朗登月相比。

▌皮萨罗寻宝黄金国

西班牙的皮萨罗是个卑微的私生子，养猪倌出身，自小不学无术，连字都不识，但是脑瓜灵活，胆大而富有冒险精神。他不甘心一辈子受穷，老做着发横财的美梦。

1513 年，西班牙人巴尔波亚发现了太平洋。当他的船只沿海航行，来到赤道地区时，看见了一个正在打渔的印第安渔民，他问这是什么地方，渔民告诉他这个地方叫"秘卢"，在当地这是个普通的名词，泛指"河流"。渔民其实并不想告诉他这是什么地方，就顺口用"秘卢"来敷衍他。心里老是惦记着黄金宝藏的巴尔波亚听成了"秘鲁"，并想当然地把它与传说中的那个黄金之国印加扯到一块。此后他们就在这片地区寻找印加国，但是始终没有找到。

在跟随巴尔波亚冒险的一批人当中，就有皮萨罗。这次南美之行，让他眼界大开，积累了丰富的

皮萨罗

经验，为他以后的探险寻宝奠定了良好的基础。

1519 年，西班牙人占领了中美洲阿兹特克的首都特诺奇蒂特兰。同年，西班牙的殖民基地巴拿马城建成，此后，西班牙就开始了向南美扩张的征程。

这些事大大激发了皮萨罗的野心和信心，此时他年过半百，对传闻中的黄金之国印加向往不已，他下决心一定要找到它。

侍机而动

1526 年，皮萨罗好不容易找到了印加国的边缘地带基多，这让他狂喜不已，正当他准备放开手脚大干一场时，遭到一支强大的印加军队的打击，

损失惨重，被迫撤回。

次年，他又率远征队在印加帝国的边境通贝斯城登陆，在这里他攫夺了不少东西，还俘虏了两个印加青年，给其中一个取名为费利皮略，这个人后来成了他的翻译，在灭亡印加帝国的过程中起了重要作用。这一次冒险虽然有所收获，但由于自己的远征队规模太小，武器装备也不精良，遇到稍强的印加军队就一战而溃。

但皮萨罗的野心更大了，为了做一笔惊天动地的大买卖，他决定回国，请求西班牙高层的支持。

他利用已有的金银财宝作敲门砖，最终居然得到西班牙国王的召见。听了他一番气势非凡的鼓噪，西班牙国王也被他煽动起来，支持他组织较大的远征队前往印加帝国寻宝。

1531年1月，皮萨罗和他的4个异母兄弟率领3艘船和由步兵、骑兵共180多人组成的远征队，兴致勃勃地向黄金之国——印加进发。

在通贝斯登陆后，皮萨罗就嗅出这个国家充满火药味，当时印加帝国的两个王子瓦斯卡尔和阿塔瓦尔帕为了争夺王位，正闹得不可开交。他不急着采取行动，而是潜伏下来，静观其变，心里打着坐收渔利的如意算盘。

果然不出所料，夺位之战终于爆发了，待阿塔瓦尔帕取胜，国内局势仍然一片混乱之时，他觉得自己趁浑水摸鱼、大捞一把的时机成熟了。

此时皮萨罗的野心膨胀到极点，他已经不满足于仅仅攫夺这个国家的黄金，而是觊觎整个帝国，他要学习同是西班牙人的科尔特斯控制蒙特苏马二世来要挟阿兹特克臣民的做法。

1532年9月，皮萨罗率军翻越安第斯山，他刺探到阿塔瓦尔帕的行踪，尾随阿塔瓦尔帕而动。当发现阿塔瓦尔帕率领着一支4万人的军队就驻扎在印加帝国北部

安第斯山

53

重镇卡哈马卡近郊时，他立即向阿塔瓦尔帕"示好"，让人代写了一封为其歌功颂德的信。

这时的阿塔瓦尔帕已被夺位成功的胜利冲昏了头脑，他又自恃己方的力量强大，根本就没有把这180多个西班牙人放在眼里，任由他们进入卡哈马卡。

挟天子以令臣民

1532年11月16日，也就是西班牙人到达卡哈马卡的第二天，阿塔瓦尔帕的一名信使来到了西班牙人中，传达了阿塔瓦尔帕的问候。

皮萨罗"恭敬"地对信使说："请转告贵国尊贵无比的君主，我希望一睹圣容，欢迎他大驾光临，届时我将以最高的礼仪接待他!"

令人不可思议的是，阿塔瓦尔帕这一次居然没有意识到别人设下的是鸿门宴，他欣然同意主动来见皮萨罗。

皮萨罗万万没想到，他不过随口说的一番客套话，竟然被阿塔瓦尔帕信以为真，于是开始在卡哈马卡广场的周围周密部署。他把步兵一分为二，分别由他和他的兄弟胡安率领；62名骑兵也分为两部分，由他的另两个兄弟埃尔南多和德索托指挥。

与此同时，皮萨罗又命令他的另一兄弟坎迪亚和3名步兵带着喇叭和1尊小炮到卡哈马卡广场边缘的一个小堡垒上埋伏。他们的计划是：当印加大军簇拥着阿塔瓦尔帕进入卡哈马卡广场时，皮萨罗给坎迪亚一个暗号。得到暗号后，坎迪亚和他的部下便吹喇叭，埋伏在两翼的西班牙骑兵一同杀出，合围印加大军。

第二天中午，在众人的簇拥下，坐在肩舆上的阿塔瓦尔帕率领着5000名士兵，耀武扬威地向西班牙人驻扎的卡哈马卡广场开进。

肩舆全部用金银珍宝装饰，由8名印加领主扛在肩上。阿塔瓦尔帕穿金戴银，头顶金灿灿的皇冠，脖子上套着用绿宝石穿成的巨大项链，坐在装饰华丽的肩舆中。在肩舆两边的轿子和吊床上，坐着用大量金银饰品装饰起来的高级领主。印加人唱着嘹亮的歌声进入了卡哈马卡广场，挤满了广场的每一个角落。见此情景，埋伏在广场四周的西班牙人内心充满恐惧，许多人汗流浃背，一时不敢贸然杀出。

此时的阿塔瓦尔帕再一次犯了一个极其低级的错误：他为了表示诚意，竟然命令5000士兵放下武器。

到达广场中央，皮萨罗派出天主教神甫瓦尔维德同阿塔瓦尔帕谈话。瓦尔维德手捧《圣经》，宣称"以上帝和西班牙国王的名义"要求阿塔瓦尔帕皈依天主教。阿塔瓦尔帕把瓦尔维德手中的《圣经》要了过去，想看看这个小册子里究竟有什么神秘的力量。印加人当时还

皮萨罗攻占印加国

不知道怎样造纸，更谈不上印刷书籍，所以阿塔瓦尔帕并不知道怎样把书打开。瓦尔维德把手伸过去帮忙，阿塔瓦尔帕觉得受到了蔑视，断然推开他的手臂。随后，阿塔瓦尔帕把书翻开，发现里面并无神奇之处，一怒之下把书扔到地上，说："我只相信我尊贵无比的父亲太阳神，不相信什么上帝和天主教！"

这一举动激怒了信仰天主教的西班牙士兵，皮萨罗见时机到了，向坎迪亚发出信号。一时间，喇叭与炮声齐鸣，全副武装的西班牙殖民军叫喊着从两翼杀出。西班牙人事先在战马身上系了许多能发出巨大声响的响器，这些马的冲击力量让印加士兵胆战心惊。皮萨罗的部队中只装备了十几支火绳枪，这些枪支既难填装子弹、又不容易发射，但对印加人产生了巨大的威慑作用。

因为印加士兵放下了手中的武器，所以西班牙的这180多个入侵者猝然间展开的大杀戮，令印加人措手不及。等他们拿起武器搏杀，又发现根本不是人家的对手。

印加帝国此时虽然强盛繁荣，其军队也曾横扫南美，但是他们不会驱使马，也没有车辆，印加士兵的武器装备也仅是石头、青铜武器、木棒、

短斧（不是铁制，他们还不会使用铁器）、弹弓和护身软垫。印加士兵被西班牙人的大刀、刺刀砍成了几段，而印加人的棍棒之类武器虽然也能打伤西班牙殖民者的人或马，却难以将身上装备甲胄的西班牙人直接杀死。

在西班牙步兵的凶残屠杀和骑兵的疯狂冲击下，印加大军毫无战斗力，很快陷入混乱，彼此踩压，许多人窒息而死。

皮萨罗本人一手拿剑、一手高擎匕首冲进了印加人群中，他想亲手抓住阿塔瓦尔帕。只要印加王落在了自己手里，他就可以以此要挟整个印加帝国了。皮萨罗冲到阿塔瓦尔帕的肩舆旁边，挥剑斩杀了几个抬着肩舆的印加领主，但马上又有几个人跑过来扛起肩舆。眼见皮萨罗一时难以得手，七八名西班牙骑兵策马冲过来，撞翻了皇帝的肩舆，皇帝从肩舆上跌下来，皮萨罗乘机活捉了阿塔瓦尔帕。皇帝身边的那些高级领主和大臣，在这场大屠杀中被全部杀死。阿塔瓦尔帕的被擒使印加人群龙无首，战斗力彻底崩溃，人们四处逃窜。

据说卡哈马卡一战中死亡的印加人大概有 7000 人，而西班牙人却损失很小。对于西班牙人来说，最重要的战果是俘获了印加帝国的皇帝阿塔瓦尔帕。

征服黄金帝国

皮萨罗将阿塔瓦尔帕囚禁起来，他开始把这位印加王作为"摇钱树"了。他向阿塔瓦尔帕和其臣民承诺，只要印加人用黄金堆满跟关押阿塔瓦尔帕囚室同样大小的一间屋子，他就放了他。阿塔瓦尔帕的囚室长约 6.6 米、宽约 5 米、高约 2.7 米。

印加人为了营救他们的皇帝，源源不断地把金灿灿的黄金从帝国各地运来。最后果然用黄金填满了这间屋子。

然而皮萨罗却食言了，他利用瓦斯卡尔被杀的消息（另一种说法是：瓦斯卡尔带领印加人躲进了深山里），给阿塔瓦尔帕加上杀兄篡位的罪名，判处其火刑。1533 年 8 月 29 日，皮萨罗命人在广场中烧起一场大火，将阿塔瓦尔帕扔入其中，活活烧死。

一个据说当时还有 7 万精兵的大帝国，就这样被 180 多个西班牙入侵者推上了末路，并且不久就被这些异族人完全统治了，成了西班牙的殖民地！这在世界冒险史上是个"奇迹"，它是如此的不可思议，数百年来始终引起人们的探秘和感叹。

维拉察诺发现北美东部海岸

维拉察诺是一个海盗，他出生于佛罗伦萨，但为法国人服务。西班牙人对他的抢掠行为无不知晓，西班牙人称他为胡安·弗罗林。正是他抢夺了科尔特斯在1520年从墨西哥派出航往西班牙的首批两艘船只，这两艘船装满了蒙特苏马的黄金和其他珍宝。按照彼尔纳尔·迪亚斯的记述，胡安·弗罗林返回法国后成了一个最富有的人，他呈献给法国国王和海军司令的珍宝礼品"使整个法国为之一惊，这些珍宝是我们（科尔特斯的士兵们）送回西班牙献给我们伟大皇帝（查理一世）的……据说，法国国王好像说……我们的皇帝和葡萄牙国王在没有他参加下瓜分了世界，他要我们的皇帝和葡萄牙国王拿出我们始祖亚当的遗训来证明一件事：他仅仅把这些海盗变成了这些地区的后继人和统治者……于是他当即下令胡安·弗罗林带领另外一支船队返回海上谋生"。

按照法国历史文献记载，1523年，落入维拉察诺手中的蒙特苏马的珍宝装满了4艘船，正如他自己指出的，"目的是航行到亚洲大陆边陲的中国"。但是一场风暴把他的船队毁坏得不成样子，使他不得不返回法国进行修复。1524年1月，维拉察诺乘一艘船到达马德拉群岛，从马德拉群岛起他调转船头直线向西航行，尽管遇到暴风雨的袭击，但航船向北偏离不远。3月中旬，他航行到北纬34度的"无论在古代还是在现今从未有人到过的一片新陆地"，即北美的东部沿岸地区。在漫长的砂角和狭窄的海湾之西能够清晰地望见一条大陆的海岸线。为了寻找预想的海峡通道，维拉察诺沿砂角向东北方向行驶，过了一段时间，海湾变得宽阔了，大陆的海岸消失了。维拉察诺没有找到通往这个海的通道，显然，他把这个海当作中国海岸东部海洋的一个部分，于是向北继续航行，间或登上海岸。大概在海湾（切萨皮克湾，特拉华湾）中有一个像是东海海峡通道的入口，他航行到北纬40°的"一个河口边的一条又大又深的河流"。照他的记述可以断定,这条河是哈得逊河。

维拉察诺写道:"我们乘一只小船驶进这条河,河的两岸人口稠密,人们穿着用各色羽毛装饰起来的衣服,兴高采烈地叫喊着跑到岸边,向我们指点着最好在什么地方靠岸。我们乘这只小船沿河向上航行约1.5千米,我们看到,这条河在那里形成了一个约有10千米宽的美丽湖泊。30只印第安人的独木舟穿过湖区向不同的方向驶去,一群又一群人跑到岸边观看我们。突然间刮起一场风暴,我们不得不返回大船上……"

驶出这条河后,维拉察诺沿海岸向东航行,在此他无疑看见了长岛。然后他绕过一个海角(科德角半岛),沿着缅因湾的海岸向前航行,并曾两次登上海岸,最终到达一片森林地区(大约是新斯科舍半岛沿岸),在这个地方他终于发现了布列塔尼渔民的足迹。到达这个地方以前,维拉察诺一直期望发现由大西洋前往东部海洋的通道。他写道:"我担心,这个再次被发现的地区会成为前往中国道路上的一个障碍,实际证明确是这样。但是我并不怀疑我一定会冲破这个障碍……"现在这个希望破灭了,因为进入东部海洋的通道,至少可以说能洪海船在北部温带水域航行的通道并不存在。维拉察诺决定返回法国。他回到法国的时间是1524年7月初。他从迪耶普给国王寄了一份有关他这次航行情况的报告,这份报告一直保存至今。

维拉察诺以后的命运如何,人们仅从西班牙的一份历史文献——彼尔纳尔·迪亚斯的一本书中得知,"当他(胡安·弗罗林)带着抢掠来的大量棉布从海上(1527年)返回时,他碰上了……由三四艘巨大船只组成的比斯卡(西班牙)船队,他们把胡安·弗罗林包围了,并彻底打败了他。西

美洲东部海岸

班牙人把他和其他法国人俘虏了，船上的布匹也被抢夺一空。他们把胡安·弗罗林和其他船长送到塞维利亚……后来他上吊自杀了。这就是抢掠我们黄金（蒙特苏马的珍宝）的胡安·弗罗林的下场。"

维拉察诺探察了从北纬 34～46 度长约 2300 千米的北美东部沿岸地区，他给法国带回了这个沿岸地区的自然环境和居民情况的首批资料。他是第一个指明北美腹地广大内河水系的人，尽管他犯有错误，把这个区域当作被发现的海洋，认为它离东部海岸非常近。1529 年，他的兄弟哲诺尼莫·达·维拉察诺把他的发现和谬误绘制在一张地图上。在哲诺尼莫·达·维拉察诺的影响下，16 世纪中期的一些地图上把这个空想的水域——"维拉察诺海"或"印度海"画成了由佛罗里达起，并有一条较窄的地带把它与太平洋隔开。当时的人们推测，穿过"维拉察诺海"有一条通往中国的较短路线，只要找到这个海与大西洋相连接的海峡就可以了。在维拉察诺发现美洲东部海岸之后，法国人开始认为这一带沿岸均属于他们合法的领地。

明达尼亚发现所罗门群岛

16 世纪中叶，一些西班牙航海者在秘鲁政府、银矿主和种植园主的支持和鼓励下，开始了横渡未经人们探索的太平洋南部广阔水域的航行，以便寻找黑人和黄金。

1567 年 11 月，明达尼亚的探险队从西班牙的殖民地秘鲁的卡亚俄港启程前往太平洋进行发现。如同麦哲伦一样，尽管明达尼亚在南半球的热带水域开辟了一条与众不同的航线，但是他在穿越太平洋的过程中从未遇到过任何一个像样的海岛。1568 年 1 月中旬，明达尼亚在南纬 7 度左右的海区发现了一个有人居住的不大的海岛，这个海岛上覆盖着茂密的椰子林，居民是来自赤道波利尼西亚埃利斯群岛的人。他从这个海岛继续向西推进，经过 3 个星期的航行，终于在 1568 年 2 月 7 日看到了一片"大块陆地"。这片陆地的周围是一条长长的珊瑚礁，珊瑚礁紧紧地环绕着它，把它与海洋隔开了。

一些覆盖着热带森林的不高的山脉耸立在离海岸不远的地方，在森林的深处可以看到黑色皮肤人的村庄。明达尼亚认为，他在南部大陆上已经发现了"奥菲尔之地"，据圣经说，所罗门皇帝曾派遣航船前来这个地方开采过黄金，以装饰耶路撒冷的教堂。然而，这不是一块大陆，而是一个群岛——稍后一些时候人们把它称为所罗门群岛。明达尼亚在一个名叫圣伊萨贝拉的大岛上停住了几个月时间。明达尼亚的人员很少，所以武装起来的土著人强硬地把他的人员和船只从这个岛上赶跑了。

明达尼亚在东南部的海区，即在南纬 8～11 度之间发现了所罗门群岛的另外几个岛屿，在此以后，他调转船头朝南美洲海岸返回，并在这个热带海域尽可能地直线向东航进。他在南半球几个月的航行中不停地与逆风搏斗，但是他终究还是被迫穿过赤道，越过北回归线，

所罗门群岛

因此耽误了许多时间。船员们因饥饿和坏血症受尽了苦难和折磨，航途中死去的人很多。在这次航行途中，他在 19°线左右海区看到一片陆地，很可能是夏威夷群岛的最大一个岛——夏威夷岛，此岛位于北纬 20 度以南的海面上。明达尼亚于 1569 年 1 月回到了墨西哥的一个港口。

过了半年，明达尼亚回到秘鲁。他回来后报道说，他在所罗门群岛上发现了真正的"奥菲尔之地"，他还"如实地"讲述了那里黑人的生活习惯和盛产黄金的情况（其实那里并不出产黄金）。很长一段时间里，人们对他报道的情况持怀疑态度，所以在以后将近 30 年的时间里，秘鲁政府未对所罗门群岛组织过新的探险活动。

漫游江海篇

鉴真东渡传法

唐武后垂拱四年（688 年），鉴真生于扬州，俗姓淳于。14 岁时，鉴真入扬州大云寺为沙弥，受菩萨戒。709 年，随道岸禅师入长安，在实际寺受具足戒。在长安期间，他勤学好问，不拘泥于门派之见，广览群书，遍访高僧，除佛经之外，在建筑、绘画，尤其是医学方面，都具有了一定的造诣。715 年，他回到扬州大明寺修行，733 年成为当地佛教领袖、大明寺方丈，受其传戒者前后有 4 万余人。时人誉其"江淮之间，独为化主"。

鉴真的名声远扬，也传到正在长安的日本留学僧荣叡、普照耳中。当时，日本国还处在奴隶社会的阶段，阶级矛盾尖锐，人民生活困苦。寺院享有免赋免役的特权，不堪统治阶级横征暴敛的人民纷纷逃进寺院，或自戒为僧，或连人带产投靠寺院当僧祇户。这样，寺院的势力不断扩展，世俗奴隶主

鉴 真

的剥削利益则受到损害。代表世俗奴隶主利益的朝廷急欲整顿教团，肃清僧尼伪滥的状况，但政令屡颁，收效却很小。于是有人提议要向中国学习，严格受戒的条件和程序，立刻得到朝廷的批准，决定派人赴唐朝聘请高僧前来传戒。荣叡和普照就是肩负着聘请高僧的使命，于日本天平五年（733年）随第 10 次遣唐使入唐留学的。

荣叡和普照在长安学习时，听到鉴真的大名，认为是理想的传戒者，便决定设法邀鉴真东渡日本传戒。唐玄宗天宝元年（742 年），他们事先请到了长安大安国寺僧道航、澄观，洛阳僧德清和高丽僧如海，又约在中国留学的日本僧人玄朗、玄法，一齐来到扬州。当时，鉴真正在扬州大明寺为众僧讲律。荣叡和普照至大明寺向鉴真顶礼膜拜，说："佛法东流到日本，有寺有僧，却没有传法受戒之人，希望和尚东游兴化。"鉴真听了二僧的陈述，觉得他们很有诚心，便答道："我曾听说往昔南岳慧思禅师迁化之后，托生为倭国王子，兴隆佛法，济度众生。又听说日本长屋王崇敬佛法，造了千领袈裟，来施此国大德、众僧；其袈裟缘上绣着四句话说：'山川异域，风月同天，寄诸佛子，共结来缘。'看来日本确是佛法兴隆、有缘之国啊。那么，我的法众当中，有谁肯应此远请，到日本国传授戒法的呢？"堂上众僧，对于鉴僧的发问，都不知如何回答是好，一时冷场。过了好一会儿，鉴真的弟子祥彦才打破沉默，答道："彼国太远，性命难存，沧海森漫，百无一至。人身难得，中国难生；进修未备，道果未到。以此之故，众僧都默然无对。"鉴真一听，不觉动气，斩截地说："我们此去，是为了传播大法，何惜身命？你们大家不去，那我就自己去吧！"祥彦连忙说："如果师父要去，我也跟着去。"结果有道航、如海等 21 僧也都表示愿随鉴真同赴日本。鉴真见众多门徒愿意追随自己赴日本传法，转怒为喜，于是共同在佛像面前立下宏愿。

第一次东渡

鉴于朝廷海防甚严，他们决定暂不公开渡海目的，宣称准备供具前往天台山国清寺供养众僧，在这一幌子下，加紧打造船只，备办干粮。荣叡、普照在长安时曾求得宰相李林甫之兄林宗的书信，请他们在扬州任仓曹参军的侄儿李凑帮助造船，所以造船工作得到了李凑的支持，进展顺利。

743 年，东南沿海海盗横行，台州、温州、明州海边都遭受其害，海路堙塞，公私断行。在此形势下，鉴真一行的动向，格外引人注目。为了减少阻力，避免误会，他们亟须加强团结，统一思想，统一行动。为此，道航提议："今向他国，为传戒法，人皆高德，行业肃清。如海等人学道未久，是否可以暂留国内，不预此行？"

鉴真东渡图

如海听了道航的话，愤怒异常，当即上采访使衙门诬告道："有僧道航造舟入海，与海盗勾结。总共若干人，已备好干粮，分布在既济、开元、大明寺，又有 100 名海盗已经入城。"采访使得报，即发兵搜捕鉴真等人。经过审问，证明鉴真等清白无辜，但所造舟船被没收，第一次东渡因此失败。

第二次东渡

荣叡、普照两僧矢志不移，经此磨难，毫不气馁，辗转找到鉴真，商量再次东渡之事。鉴真安慰他们说："不用发愁，等到合适时机，必遂本愿。"并拿出上好官币 80 贯钱，买到岭南道采访使刘巨鳞的军船一只，雇得水手等 18 人，又采办了各种食物、用具、经卷、佛像等物，备足钱帛，携带僧祥彦、道兴、德清、思托等，连同荣叡共 17 人，玉匠、画师和其他各类工匠 85 人，于 743 年 12 月再度扬帆东下。但船刚出长江口即被飓风击破，船修好后刚一出海，又遭大风，飘至舟山群岛一小岛，五日后众人方被救，转送明州余姚（今浙江宁波）阿育王寺安顿。开春之后，越州（今浙江绍兴）、杭州、湖州、宣州（今安徽宣城）各地寺院皆邀请鉴真前去讲法，第二次东渡遂结束。

第三次东渡

结束了巡回讲法之后，鉴真回到了阿育王寺，准备再次东渡。此事为越州僧人得知，为挽留鉴真，他们向官府控告日本僧人潜藏中国，目的是"引诱"鉴真去日本。于是官府将荣睿投入大牢，遣送杭州。荣睿途中装病，伪称"病死"，方才逃离。第三次东渡就此作罢。

第四次东渡

荣叡、普照二人为了求法，前后所历艰难难以形容，然而坚固之志，毫无退悔。鉴真深受感动，也一往无前地要实现东渡传戒的愿望。因此又遣僧法、进和两位侍从，携带钱帛往福州买船，并采购粮食杂物，作第四次东渡的准备。自身则率祥彦、荣叡、普照、思托等 30 余人，翻山越岭，餐风宿露，从陆路向福州进发。但在台州始丰县境，被江东道采访使派人追及，护送回扬州。原来鉴真的弟子灵佑和其他一些僧人，担心鉴真渡海遇到不测，于向官府报告了鉴真一行的动向，故使此次东渡计划又夭折了。

第五次东渡

748 年春，荣叡、普照两僧从安徽来到扬州，与鉴真筹划第五次东渡事宜。此次东渡同行者有僧祥彦、德清、荣叡、普照、思托等 14 人，水手 18 人，六月二十七日从扬州崇福寺出发，经瓜州运河入海向南。一路上风急浪高，水米断绝，九死一生，飘泊至振州（今海南崖县）地界始得靠岸。这样，第五次航海又失败了。鉴真等受到当地地方官的供养，在各地做了些佛事，便被资送回扬州。归途中，日僧荣叡和鉴真的高足弟子祥彦先后逝世，鉴真的精神受到很大打击，加上不适应海南炎热的气候，患了眼病，视力大受损害。

第六次东渡

753 年，农历十月十五日，日本国遣唐使藤原清河、留学中国多年已任中国秘书监兼卫尉卿的阿倍仲麻吕，来到扬州延光寺拜访鉴真。他们告诉鉴真，日本遣唐使已正式向唐玄宗奏请让鉴真到日本传戒，但被玄宗拒绝了。鉴于这种情况，请鉴真自己决定是否随遣唐使的船只东渡日本。此时鉴真已有 66 岁高龄，眼睛又不好，而唐朝官府对于私自过关出国又有明文禁止，但鉴真坚持渡海传法的初衷，不顾千难万阻，欣然允诺随遣唐使船赴日本。经过一番安排，鉴真和尚终于在十月十九日离开了扬州龙兴寺，踏上了第六次征程；并于十一月十六日乘上日本遣唐副使大伴的船，从扬子江口驶向日本。携带的物品除各种佛像、菩萨像、舍利、经卷、律典、幡幢之外，还有各种金、玉器皿、饰物、王羲之、王献之等著名书法家的字帖等。十二月二十日，鉴真所乘之船到达鹿儿岛秋目浦，正式踏上了日本国土，实现了鉴真 12 年来的心愿。

鉴真到达日本后，受到孝谦天皇和圣武太上皇的隆重礼遇。鉴真一行抵达奈良，同另一位本土华严宗高僧"少僧都"良辨统领日本佛教事务，封号"传灯大法师"。鉴真在日本传法，成为日本佛教律宗开山祖师。日本人民称鉴真为"天平之甍"，意为他的成就足以代表天平时代文化的最高峰。

唐招提寺

日本天平宝宗七年（763 年）五月六日，鉴真于所住唐招提寺结跏趺坐，安然寂化，享年 76 岁。他的一生对中日两国人民友好和文化交流作出了重要贡献，他为了崇高的理想而六次东渡，舍生忘死、坚忍不拔的冒险精神，将永远成为中日乃至人类宝贵的精神财富。

郑和七下西洋

郑和于 1371 年出生于我国云南昆阳州和代村（今昆明市晋宁县境）一

个普通的马姓穆斯林人家。这家经济本来就不宽裕，增添了一张嘴巴以后生活负担更重。不过父母对新生婴儿仍然十分喜爱，并给他起了一个吉祥的名字——马和，小名三保。

小马和出生之际，正是兵荒马乱的元末明初，蒙古统治者已被农民起义军推翻，但云南仍有元朝残余势力负隅顽抗。直到 1382 年，明朝才起大军平定云南，马和的父亲死于战乱，11 岁的马和也被明军掳走，不久被送到北京的燕王府当了个小太监。

由于马和聪明能干，办事认真，加上在后来的塞外出征和内部争夺王位的战争中，他出入战阵，屡建奇功，表现出很强的组织能力和军事指挥才干，所以深得燕王朱棣的赏识和信任。1403 年朱棣当

郑　和

上皇帝（明成祖）后，就把马和提拔为最受宠信的"内宫监太监"，并赐姓郑，从此又称他为"三保太监（或三宝太监）"。

中国是个海洋国家，汉朝就已经开辟了北起渤海、南至南越（今广东省境内）的海上交通线。以后经过唐、宋、元几个朝代的发展，海路可到达印度半岛西岸和波斯湾口。

明王朝建立后，农业连年丰收，商业日益繁荣，手工业也活跃起来，造船业更有了长足的进步。为了显示中国的国威，扩大海外贸易，加强与各国人民的传统友谊和友好往来，明成祖决定派郑和为使者，率领一支船队出使"西洋"。需要说明的是，当时人们所说的"西洋"可不是今人所指的欧洲大陆，东西洋的划分以我国南部的南海为界，南海以东为"东洋"，南海以西为"西洋。"

1405 年 7 月 11 日，郑和率领船队从苏州浏家港（今江苏太仓浏河）启

航。62艘巨船加上更多的中小船只依次离开码头，在万里长江上一字排开，像条长达十余里的巨龙，在波涛滚滚的江面上浩浩荡荡地向前驶去。

船队由江入海，转舵改向，在辽阔的东海上向南进发。他们掌着舵，扯起篷帆，"维绡挂席，际天而行"。船队中有不同类型的船，除众多的"宝船"之外，还有专用的马船、粮船、坐船、战船、水船。中等的宝船有120多米长，50米宽。大的宝船长达148米，宽60米，有9根桅杆，12张船帆，简直可以同现代的万吨巨轮相媲美。船上有各种级别的行政官员、军事人员、航海技术人员、办事人员，以及通事（翻译）和众多的医务人员，共计两万七八千人。

大海茫茫，广漠无垠，流动不息，变幻莫测。水下有暗礁、浅滩；水面有急流、漩涡。为了保证航海安全，郑和船队里的船员大多是来自福建、浙江、广东沿海具有丰富航海经验的船民，有火长、水手、舵工、班碇手，有铁锚匠、搭材匠、买办、书算手。他们掌握和利用潮势、季风、洋流等自然规律，坚持观测探路。观，就是把沿途所见的山、滩、礁、沙详细记录下来；测，就是用指南针定向导航，用"牵星术"定位测距，用铅锤测量海水深浅，用铁钩钩取海底泥沙并根据泥沙颗粒的粗细判断船离海岸的远近，用绳子栓上鸡毛做成的"鸡毛海洋计"放在海面测定海水的流

郑和航海图

速。他们将观测所得，形象地标明在一张图上，这就是传至今日的《郑和航海图》。该图共20幅、40面，国外有些学者把它称誉为"一幅真正的航海图"。

船队在南海扬帆南下，首先到达占城（今越南南部），接着又到爪哇、苏门答腊、满剌加（今马来半岛南端），沿着马六甲海岬北上进入印度洋，

横跨孟加拉湾,绕过锡兰(今斯里兰卡)到印度半岛西南的古里(今科泽科德)。第一次航行花了2年时间,于1407年9月回国。

明成祖看到出使海外既能提高国家的威望,又能促进跟西洋各国的贸易往来,好处很多,于是从此以后,一次又一次地派郑和下西洋。从1405年到1433年的将近30年的时间里,郑和率船队7次往返航行于太平洋和印度洋,航程5万多千米,到过30多个国家。船队每次都是利用季风出航、回航,所以每次出航时间几乎都在冬半年,利用冬季刮的偏北风;每次回航时间都在夏半年,利用夏季刮的偏南风。

1417年5月,经过两年时间的充分准备,郑和开始第五次航行,也是最远的一次航行。郑和一行循着以往航行过的路线,访问了占城、爪哇、旧港(今巨港)、满剌加、锡兰、柯枝(今印度西南)、古里和波斯湾口的忽鲁谟斯(今霍尔木兹)以后,又沿着阿拉伯半岛东

锡兰(斯里兰卡)风光

南海岸,经祖法儿(今阿曼境内的佐法尔)到达阿拉伯半岛红海入口处的阿丹(今也门境内的亚丁),再越过亚丁湾,沿非洲东海岸到剌撒(今索马里北部的泽拉),接着绕过大陆的东北角向南航行,到达木骨都束(今索马里摩加迪沙)和卜剌哇(今索马里布腊瓦一带),最后来到赤道以南非洲东海岸的竹步(今索马里东南海岸的准博)和麻林(今肯尼亚的马林迪一带),于1419年5月回国。

郑和最后一次下西洋是1432年1月至1433年7月,出航时他已59岁。这次出航他实现了一个穆斯林的夙愿,船队穿过曼德海峡,沿红海北上,访问天方国(今沙特阿拉伯境内),特地到伊斯兰教的圣城麦加去朝觐。郑和的去世有两种说法。一种说法是,郑和第七次下西洋回国后,不久去世,但也有人认为郑和并没有随船队回国,而是在1433年4月上旬病故于印度

南部西海岸的古里。无论如何，郑和是一位伟大的航海家，他把自己的一生都献给了航海事业。

郑和七下西洋历时 28 年，留下了丰富的航海记录：一字展开式绘制的《郑和航海图》，以我国南京为起点，遍及今南海和印度洋沿岸诸国、诸地一直到非洲的肯尼亚，这是中国现存最早的、内容最丰富的航海图，保存在明代茅元仪编写的《武备志》中；《铖位编》一书详细记录了航程中罗盘针所指的方位，是一本十分珍贵的航海手册，可惜已经失传。郑和的随行人员马欢、贵信和巩珍分别著有《瀛涯胜览》、《星槎胜览》和《西洋

红 海

番国记》，记载了历经 30 多个国家的山川地理、风土人情等情况。

郑和七下西洋规模之大，人员之众，技术装备之精，历时之久，影响之深，在中外航海史上是空前的。直到 15 世纪初期，外界对非洲的认识仍然是一片茫然。虽说古代腓尼基人曾在 2000 多年前乘船绕行过非洲一周，但并没有给后人留下多少对非洲的认识。欧洲尽管和非洲相邻，可他们心目中的非洲也仅局限于北非一条狭长的海岸。而《星槎胜览》却对赤道南北的非洲东部海岸国家的气候、水土、生物、物产、民族、风俗等等作了生动详尽的描写，从而大大丰富了人们的地理知识，扩展了人们的地理视野。直到现在，在郑和七下西洋到过的一些国家和地区，还流传着不少"三宝太监"的传说和故事，保存着以他的名字命名的城镇和名胜古迹。

然而，令人遗憾的是，郑和下西洋的空前伟大壮举，却没有对中国社会的发展、变革和进步产生应有的影响，相反，郑和逝世以后，中国的封建王朝不仅再也没有派出一支远航船队，继续发展航海事业，反而实施海

禁，闭关锁国，中断与外部世界的联系，使中国社会从此进入了长达数百年的停滞状态。中国落后了，西方国家后来居上。半个多世纪以后，西方便开始了划时代的地理大发现。

库克的三次考察之旅

1728年，库克出生在英国约克郡莫尔顿市的一个贫寒之家。家境的贫寒使得库克只读了三年书就辍学了，跟随父亲去做工。一个偶然的机会，库克随父亲来到了离家几百千米以外的海滨城镇赫尔。一望无边的大西洋，突地展现在他的眼前。连天的波涛，深邃莫测的海水，绵亘不断的海岸，往来穿梭的航船，将库克深深吸引住了。从这时起，库克就立志献身海洋，当一名探索海洋的勇士。

库克知道，要想当一名海洋探险家，必须得有精深的天文知识、熟练的驾船本领和海上指挥的能力。为了实现自己的远大理想，只读了三年书的库克，一边帮助父亲干活，一边自学，刻苦地钻研天文学和数学。

1746年，当库克18岁的时候，便被负责东岸煤炭贸易的船业头目约翰·沃克看中，收留他当了海员学徒。当时正是英国向外扩张、激烈争夺殖民地的时期，各海外贸易公司大量招收雇员，皇家海军也不断扩充。同时，皇家科学院为了适

大航行家库克

应这种对外扩张政策，也鼓励科学家进行海洋探险，发现新的土地。

库克对工作兢兢业业，很快就成了熟练的驾驶员和干练的水手，得到了老板的赏识。6年后，他就被提升为大副。

出航北美立功勋

但是，商业航海并不能实现库克的雄心壮志。于是，库克就在1755年离开了商船队，辞去了大副的职务，到英国皇家海军当了二等水兵，在装有60杆枪的"依格尔"号军舰上服役。他高超的驾驶技艺和指挥才能，又一次受到同事们的钦佩，得到了上司的信任。不到一年，他就被提升为一级准尉水手长，两年后，又被提升为"索尔贝"号军舰的舰长，后又调任"彭布洛克"号军舰的舰长。这时，正是英国和法国为争夺北美殖民地的七年战争打得不可开交的时候。英国为从法国手中夺取今美的路易斯堡和加拿大的魁北克，于1758年派库克率舰队赴圣劳伦斯河流域进行探险考察。

库克的任务，是对圣劳伦斯河的水文、地质、河岸等进行调查，为皇家海军舰队打通一条航路。库克圆满地完成了调查任务，并在极为复杂的特拉弗斯河段找到了适合舰队集结与登陆的理想地点。后来，英国皇家海军按照库克的报告，先派兵攻占了路易斯堡，后进攻魁北克，进而征服了加拿大，库克因此而升为英国驻北美舰队的旗舰舰长。

"七年战争"结束后，库克给皇家海军写了申请报告，要求专门进行海洋探险。他的要求得到了满足。不久，他指挥纵帆船"格伦维勒"号到纽芬兰，专门对那里的海岸带进行调查。1766年，库克在英国皇家学会作了纽芬兰的日照、植物

纽芬兰岛

生长和人类居住情况的专题报告，引起了轰动，使他成为当时有影响的人物之一。

正当库克准备对北极海域考察时，一项新的任命降临到他的头上，这项任命决定了库克以海洋探险为终生职业。当时英国皇家科学院决定到南

太平洋塔希提岛进行天文观测，要求海军派船执行这次任务，皇家海军就派库克去指挥这次远航。

寻找南大陆

从 1768 年库克指挥考察队在塔希提岛对金星进行观测时起，到 1775 年返回英国为止，库克是在南太平洋的万岛之间度过的。在此之前，英、法有不少海洋探险家来过此地，但他们多数人只到过澳大利亚和新西兰的某些海岸及其他一些岛屿。当时人们认为，在地球的南部存在着一个南大陆。库克决定亲自去考察，以证明南大陆是否存在。他得到了皇家科学院的支持。

库克的考察分为两个阶段。第一阶段，是在塔希提岛进行天文观测；第二阶段，是去寻找南大陆。此时已晋升为上尉的库克，把一艘 370 吨的独桅运煤船改装成探险船，命名为"奋斗"号。

1768 年 8 月 25 日，"奋斗"号载着几十名科学家离开了普利茅斯港，经过 8 个月的航行，到达了塔希提岛。他们从 6 月 3 日起，对金星进行一个月的观察。与此同时，库克还对岛上的波利尼西亚土著居民进行了考察。

天文考察结束后，库克离塔希提岛南航，前去寻找南大陆。南太平洋的秋天，气候非常恶劣，"奋斗"号经常处在风浪之中。到达南纬 40 度后，眼前仍是茫茫大海，没有任何陆地的影子。10 月 7 日，库克决定转舵向西，到达了新西兰东海岸。早在 1642 年，法国探险家塔斯曼就发现了新西兰，但他没有弄清这个岛的真实情况，错误地以为这是南大陆北部的海角。库克一行沿新西兰东海岸北上，到达北角，然后又沿西海岸南下，横穿南、北两岛之间的海峡，又从南岛的东海岸绕过西南角北上，确凿地证实了新西兰并不是大陆，而是南北毗邻的两个岛屿，纠正了塔斯曼的错误。现在新西兰的南岛和北岛，就因此而得名；两岛之间的海峡，也以库克的名字命名。

海洋上的生活是艰苦的。库克以前的许多探险家，往往因为船上卫生条件差，生活艰苦，缺少蔬菜，船员染上坏血病大量死亡而导致探险失败。库克深知这一点，他特别注意船上的卫生和船员的饮食，并和随船医生一起研究了各种抗坏血病的水果和植物，发现柠檬可以抗坏血病，于是就给船员大量饮用生柠檬汁。所以，他的船员没有一人得坏血病。后来，英国的航海者就被人称为"柠檬子"。

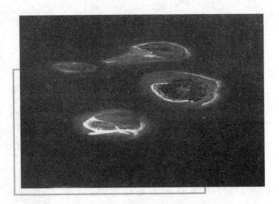

南太平洋的属海珊瑚海

弄清新西兰的真面目以后，库克准备到巴塔维亚去检修船只，然后回国。但强烈的探险欲望，使他决定在修船之前到澳大利亚进行考察。他们从新西兰西海岸出发，驶向塔斯马尼亚，希望在那里发现大陆，因为库克一直以为塔斯马尼亚与澳大利亚是连成一片的大陆。1770 年 4 月 21 日，"奋斗"号到达了塔斯马尼亚的东南角，然后往北。为了避风，库克把船锚泊在巴塔尼湾，准备登岸寻找补给品。但当地土著居民早就对白人怀有戒心，用棍棒和刀箭来迎接他们。库克只好沿澳大利亚东海岸北上。7 月，库克发现前面的航路被阻塞了。原来，他们进入了大堡礁海区，巨大的珊瑚礁把"奋斗"号牢牢地围困住。库克和他的 118 名考察队员潜入海底，炸掉珊瑚礁，终于打开一条通路，把船驶进了一个河口。经过休整，他们又继续北上，到达了约克角。

这时库克才确信，新几内亚同澳大利亚是分离的，因为它们之间隔着一个海峡。其实，早在 164 年前，葡萄牙航海家托雷斯就发现了这个海峡，并以他的名字命了名。库克发现这里岛屿和珊瑚礁星罗棋布，就把它们详细绘入了海图。

1770 年 11 月，"奋斗"号抵达巴塔维亚，但蔓延着的痢疾和疟疾，夺走了库克船队 1/3 人的生命。

1771 年 7 月 12 日，"奋斗"号回到了英国。库克的这次航行，并没有发现什么"南大陆"。贪婪的英国政府就又任命库克为总指挥，再次组织寻找新陆地的航行，对南纬 40 度以南的地区进行考察。破损不堪的"奋斗"

号早已不能再担当这项任务了，皇家科学院又拨给他两艘独桅船，一艘名为"果敢"号由库克指挥，并首次装上了天文钟；另一艘"冒险"号由托拜厄斯·弗尔诺指挥。他们于 1772 年 7 月 13 日，起锚驶向南大洋。

过好望角后，库克的船队便向东南驶去，以寻找 1739 年法国人布维特发现的一个海岛。布维特认为该岛是南大陆的顶端，库克不同意这个看法。他按照布维特所说的纬度考察。越往南走气候越寒冷，冰雪寒风扑面而来，令人难以忍受，但船队仍然勇敢地前进。1773 年 1月中旬，他们进入了南极圈。巨大

色彩斑斓的珊瑚礁

的冰山迫使他们中断了探险，船队不得不向北回驶。后来他们到达了克尔格伦岛和克罗泽群岛。这两个岛都是因法国探险家克尔格伦和克罗泽在此遇难而命名的。这是库克在南纬 40 度以南看见的唯一陆地。然后，他们向东驶向澳大利亚东海岸。海上罕见的大风和大雾，使"果敢"号和"冒险"号失去了联系。直到 5 月份，他们才在新西兰西部海域重新会合。此时，库克通过实地考察，已证明南半球 1/3 的水域中根本不存在什么大陆。

在新西兰修船整顿之后，库克的探险队花了几个月的时间，在新西兰以东的南纬 41~46 度之间进行了广泛的考察，因为这里还从未有人考察过。库克在到达皮特克思岛后，转向西北，再一次抵达塔希提岛。然后，又对汤加群岛进行了考察。库克曾把这个群岛命名为友谊群岛，但它并不是库克首先发现的，早在 1643 年，塔斯曼就对这些岛屿进行过考察。

在返回新西兰的途中，他们又遇上了大风，"冒险"号再一次失踪，库克虽经多方寻找，但在他返回英国之前，始终没有找到。弗尔诺指挥的"冒险"

人类旅行史上伟大的冒险

RENLEILUXINGSHISHANGWEIDADEMAOXIAN

74

号与库克失掉联系后，于 1773 年 11 月底离开新西兰，在南纬 56～61 度之间向南航行，绕合恩角返回英国，成了第一个从东线绕地球一周的航海家。

与此同时，库克指挥的"果敢"号再一次进入高纬度海域，进行"之"字形的考察航行，先后两次进入南极圈，最远到达南纬 71 度。库克证实，南半球只有澳大利亚和南极这块不毛之地可以称作大陆，并不存在什么"南大陆"。

随后，库克又奉命北上，去发现太平洋中部未被发现的地方。他在南纬 10～40 度之间进行了探险，但没有任何新的发现。他对马克萨斯群岛进行了详细的测绘，这里虽在 170 年前就被门达那发现，但并没有人进行过考察。然后，库克又第三次来到塔希提岛，并在那里逗留了几个月。随后又对社会群

南极圈里的景观

岛、友谊群岛、圣埃斯皮里图群岛进行了测绘，并把后者命名为新赫布里底群岛。此外，库克还发现并命名了新喀里多尼亚群岛、派恩斯岛和诺福克岛。1775 年 7 月 29 日，库克的"果敢"号返回英国，胜利地完成了第二次探险。

发现夏威夷群岛

由于探险考察的卓著成绩，库克被英国皇家学会正式接收为会员，并荣获了"科普利"金质奖章；同时，皇家海军也任命他为小舰队的上校舰长。

1776 年，库克奉命进行第三次探险。这一次是驶过北极海，打通太平洋到大西洋的北部航路。这是英国政府梦寐以求的一条航路。库克的船队又一次来到了塔希提岛。在上一次探险时，库克曾把一名土著居民的小头目带回英国。这位土著居民受到了国王乔治三世的接见。乔治三世以个人

的名义送给塔希提岛居民各种礼物，包括奶牛和各种家禽。库克兼作特使，送这位土著居民和礼品回岛。

1778年1月18日，库克发现了夏威夷群岛。这里绿树成荫，风和日丽，一派升平景象。当地的居民像迎接天神一样欢迎了库克的到来。忠实于皇家海军的库克，为了表示他对海军大臣桑威奇的感恩戴德，就把这个群岛命名为桑威奇群岛。

库克在这里补充了淡水、新鲜水果、蔬菜和粮食后，又继续北上。3月7日，他们到了北纬45度的北美西海岸。此时，海上风暴把船帆撕破了，桅杆也发生了倾斜，不修理就无法再继续航行了。实际上，这次探险的准备工作一开始就做得马马虎虎。"果敢"号经过几年

夏威夷群岛

的海上漂泊，已经破损了，他们只作了小修小补；另一条独桅探险船"发现者"号，也是没有很好修理的旧船。所以，两条船一开始就不断出毛病。库克和他的船员们虽然凭着丰富的航海本领，边行驶边修补，但船只仍旧经不起长久的风吹浪打，因而不得不在加拿大的鲁帕特港整修。

到达北纬60度时，库克发现海岸突然向西延伸，形成了一个很大的海湾，这就是阿拉斯加湾。库克沿着阿拉斯加半岛的南岸进行详细的考察。这里经常出现浓雾，他们又没有这一带的海图，库克完全凭着自己丰富的航海经验模索着前进。后来，库克穿过阿留申岛链海区，进入了白令海峡，一直驶到北纬70度的海区。由于这里出现了冰山，而且寒冷异常，库克断定他们已进入了北极海域。巨大的冰山阻止了他们的前进，他们不得不返回夏威夷群岛。

库克对夏威夷群岛进行了详细的考察和精确的测绘。1779年1月17日，探险队在檀香山登陆，准备对两条船进行大修。

同上次一样，库克一行又受到了当地土著居民的热烈欢迎。他们为探险队举行了隆重的欢迎仪式，当地的神父号召居民拿出最珍贵的礼品送给考察队。谁知，乐极生悲，一场悲剧发生了。

2月13日，考察队的一名船员因一点小事同当地人发生了口角，激怒了波利尼西亚人。一些土著人抢走了探险队的一只小艇以示警告。库克认为这冒犯了白种人的尊严，便派人把当地土著居民的一个首领抓来作为人质。这下激化了矛盾，土著人几乎倾城而出，举着棍棒和刀枪，蜂拥而来，将库克一伙团团围住。双方展开了一场激战，库克当场被杀。

库克死了以后，"发现者"号船长克利尔克虽被打伤，但仍指挥船员把船修好，领导探险队再次北上。克利尔克船长病死途中，另一位船长接替指挥，取道我国广州，绕经好望角，于1780年10月返回英国，结束了库克没有完成的这次贯穿三大洋的探险。

库克51岁捐驱夏威夷群岛。纵观他的一生，绝大部分时间是在海上度过的。库克三次探险，最大的科学成就在于澄清了地理大发现时期遗留下来的许多捉摸不定的问题，并对新发现的印度洋和太平洋的几乎所有岛屿进行了详细的考察，确定了精确的地理位置。尽管库克的航海探险是为英国殖民政策服务的，但他的科学态度和为科学献身的精神却是值得肯定的。

澳大利亚的由来

考察塔斯马尼亚岛

经过英国人和法国人在18世纪最后一个25年的多次探察之后，澳大利亚海岸线的大致轮廓已经清楚了，但是人们仍然把塔斯马尼亚岛当作新荷兰大陆的一个组成部分（认为它是新荷兰东南部的一个半岛）。新南威尔士的自由移民们以及被派往这个新殖民地任职的军官们开始对大陆的东南地区进行更加细致的考察工作。为了进行这项工作，从杰克逊港向南进发的有两个探险家：一个是海军军人梅秋·弗林德斯，另一个是军医乔治·巴斯。他们详细地考察了植物学湾以南的大陆海岸线，并绘制了它的地图。

1797 年 11 月 ~1798 年 1 月，巴斯乘一艘单桅船沿新荷兰的东南海岸线航行了 11 个星期之久。他发现，大陆的海岸线向西偏移。为了继续查看这条海岸线，他一直航行到威尔逊海角附近的一个不大的海湾。在此，巴斯作出了一个正确的判断：他穿过了一条海峡。海峡之南的旺·迪麦之地并不是一个半岛，而是一个海岛。但是，他对自己的判断还没有足够的把握，因为在威尔逊海角以西可能还会存在一块地峡把旺·迪麦之地与大陆连接在一起。巴斯把自己的疑点告诉给弗林德斯，于是他们二人于 1798 年年底乘诺弗尔克号航船开始航驶，他们不仅穿过了巴斯海峡，而且还环绕整个旺·迪麦之地航行了一周。稍后一些时候，旺·迪麦之地被人们起名为塔斯马尼亚岛。在环绕塔斯马尼亚岛航行过程中，他们还确定了这个岛附近一系列岛屿的地理方位，这样，他们便完成了对这个岛海岸线的全部考察工作。他们还在巴斯海峡里发现了一系列岛屿，其中最大的岛屿有：海峡东部入口处附近的弗林德斯岛和海峡西部入口处的金岛。

菲利浦港湾

1801 年，海军军官约翰·穆雷在绘制新荷兰东南海岸线地图过程中，在巴斯海峡的西部入口处附近发现了一个优良的海湾——菲利浦港湾。1835 年，在这个港湾的北岸建起了墨尔本城。

对澳大利亚南海岸的考察

1801 ~1802 年夏季，英国人梅·弗林德斯乘调查者号航船完成了对大澳大利亚湾的考察和记录，同时在这个海湾发现了一系列不大的岛屿，其中包括调查者号群岛（位于东经 134 度）。在大澳大利亚湾东南海角之外，他发现了一条狭窄的海峡入口，起初，弗林德斯把它误认为是新南威尔士（东部）与新荷兰（西部）相隔的海峡。假若它是一条这样的海峡，那么这条海峡一定会沿经度线把整个澳大利亚大陆分成两个部分，并直通卡奔塔利亚湾，因此英国人，还有其他的欧洲人，对 17 世纪荷兰人在卡奔塔利亚湾的考察资料采取不信任的态度。然而，弗林德斯很快看到，这不是一条海峡，而是一个海湾，它的名称叫斯潘塞湾。驶出这个海湾后，弗林德斯发现了一条真正的海峡，他以他的航船的名称命名为调查者号海峡。他沿这条海峡向东行进，然后又向北航行，这次比前次更快地使他大失所望：北面也有一个名叫圣维森特的海湾，像长筒皮靴的约克半岛将其同斯潘塞湾截然分开了。

弗林德斯驶出圣维森特湾后，穿过了一条海峡（巴克斯特斯海峡），并向东南行驶。现在他对这片新发现的半岛之南的陆地发生了浓厚的兴趣。在巴克斯特斯海湾之外的大陆海岸附近又展现出一片海湾（恩卡温捷尔湾），在这个海湾的深处可以看到一条大河的河湾，即墨累河的河口。使英国人弗林德斯感到十分痛心的是，这个河湾里停泊着一艘名叫基奥格拉夫号的法国船，以海军军人尼古拉·包登为首的一个法国科学探险队的队员们站在船舷上。包登很有礼貌，但是很能克制，很少说话。他的科学考察同伴——自然学者法兰苏阿庇隆却是一个十分健谈的人，这个人说，法国人在新荷兰的南部海岸完成了巨大的发现，并说，他本人打算把他乘的基奥格拉夫号航船所考察的这个沿岸地区命名为拿破仑·波拿巴之地。

包登的探险队是巴黎科学院在 1800 年组建的。法国政府对新荷兰的这一地区垂涎三尺，总想占为己有，所以指令科学院对新荷兰进行探察。这个探险队由两艘船组成：一艘是由包登亲自指挥的基奥格拉夫号；另一艘是自然科学家号。后一艘船的指挥官是加米林大尉。他们的基地大约设在当时印度洋上属于法国人的毛里求斯岛。

1801 年 5 月底，这个法国探险队靠近新荷兰的西北海岸，他们在南纬 26 度附近的沙克湾发现了佩伦半岛，又在这个海湾的出口处发现了两条海峡——乔格拉非海峡和自然科学家海峡（位于德克哈托格岛之北）。

南半球多风多雨和大雾弥漫的冬季来临了，在浓雾里，这两艘法国船走散了，彼此失掉了联系。包登继续考察和记录了新荷兰的西北海岸，并在帝汶海上航行中发现了宽阔的约瑟夫·博纳伯特湾和佩伦群岛（英国地图上标的是佩伦斯群岛），它们均位于阿纳姆地半岛附近。这时，基奥格拉夫号的许多船员因患坏血症卧床不起，为了医治这些人的疾病，同时也需要补充粮食和淡水，这艘船驶向帝汶岛。驶向这个岛的另一个原因是，他们与自然科学家号航船早先约定在该岛附近会合。

他们在帝汶岛附近停泊了3个多月时间，然后从这个岛启程，于1802年1月中旬两艘船一起驶抵塔斯马尼亚岛。一些船员又染上了坏血症，包登不得不在塔斯马尼亚岛附近再次停留了一个多月。在这段时间里，包登探察了塔斯马尼亚岛东部海岸线的地形。此后，这两艘船渡海前往澳大利亚的西南海角，从那里起沿着弗林德斯航行过的路线向东行进。这两艘船很快又走散了。基奥格拉夫号航船继续向前行进，发现了肯古鲁岛（袋鼠岛），这个岛是独立于弗林德斯岛之外的一个岛屿。显然，法国的这艘船是先于弗林德斯航行到恩卡温捷尔湾的，然后他们在这个海湾遇到了英国人。

坏血症在基奥格拉夫号的船员中蔓延起来，病倒的人越来越多，病情也越来越严重，因此这艘船不得不驶向杰克逊港，以便得到医疗和救护。包登在杰克逊港碰到了加米林，他派加米林的航船携带报告以及收集到的资料返回法国，而他自己于1802年11月中旬继续向南

大澳大利亚湾的海狮

航进，以便进一步完成这次探险的任务。他环绕塔斯马尼亚岛航行一周，重复弗林德斯做过的工作，再次发现了前面已经说过的那些岛屿，然后驶抵帝汶岛，再从帝汶岛前往毛里求斯岛。1803年9月，包登死于毛里求斯岛上。基奥格拉夫号航船携带大批动植物标本回到了法国。

就这样，法国人在稍晚一些时候再次完成了对塔斯马尼亚岛的发现，并与英国人一起完成了对澳大利亚南部海岸线的发现和探察。弗林德斯和包登的探险最终证明：大澳大利亚湾和斯潘塞湾与卡奔塔利亚湾之间并无联系，它们之间相隔着广阔的地带。也就是说，新荷兰是一个完整的大陆。

新荷兰易名为澳大利亚

稍后一些时候，即 1802～1803 年间，弗林德斯完成了环绕整个新荷兰航行一周的旅行。在此期间，他详细考察了自南纬 32 度 20 分以北的整个东部沿海地区，并查看了大珊瑚堡礁延伸的水区。这是由无数珊瑚礁和珊瑚群岛组成的一条堡礁带，起自南纬 22 度 30 分的斯文礁脉，沿澳大利亚东部海岸的水区向北延伸，直到南纬 9 度的新几内亚南岸为止。弗林德斯还考察了托雷斯海峡，并发现了这条海峡的安全航道是在威尔士王子岛以北的水区。为了彻底揭穿有一条海峡横穿新荷兰大陆并把这块大陆分割成两个部分的神话传说（弗林德斯也曾相信过），他再次考察了卡奔塔利亚湾，并绘制了一幅卡奔塔利亚湾的准确地图。

1814 年，弗林德斯的一本书出版了，书名是《前往澳大利亚之地的旅行》。他在这本书里建议，把这块南部大陆由新荷兰易名为澳大利亚。从前这片大陆被称为未知的南部陆地，现在这块大陆已被人们探察过了，"未知的"字样已经取消。

澳大利亚大珊瑚堡礁

对澳大利亚海岸线的考察算是结束了，但是它的腹地仍然是一片"空白地"。1814 年弗林德斯逝世后的数十年，又经数十个探险家考察，才把这块大陆腹地的"空白点"消灭了。

环球海洋科考处女行

英国一直依仗频繁的海上探险确保着海洋科学方面的领先地位。但到 19 世纪后期，美国、德国、瑞典、法国甚至日本，先后兴起海洋探险的热潮，使这些国家的海洋科学得到突飞猛进的发展。面对着这种严峻的局面，英国皇家地理学会认为无论如何也不能轻易丧失在海洋科学方面的领导权。该学会在1871年作出决议，强调派遣深海探险船远航的必要性，认为应该尽早在周航世界的探险中，进行深海物理学、生物学的考察。

在这之前，深海到底是否存在生物一直是海洋科学家争论不休的问题。持否定态度的科学家认为深海的高压和缺乏阳光，使任何生命都无法生存。但从地中海打捞上来的一根深埋于1829米海底的电缆上有海蛎子附着，这似乎又替另一些科学家提供了肯定的证据。英国的查尔斯·怀维勒·汤姆森是肯定派的代表，他说："还是让我们到深海去吧，拿出更多的证据来说话。"

于是，当英国政府决定组织一次大规模的海洋探险调查时，汤姆森理所当然地成了探险队的领导人。

汤姆森受命之后，立即组织有6名专家的参谋班子，全面负责整个探险活动。他们选定的探险船是"挑战者"号，它原为一条海岸警备炮艇，吨位为2306吨，长60米，宽9米，并具有1234马力、两只汽缸的蒸汽机。汤姆森拆掉了甲板上的炮位，装起吊车，吊车上带着两根长达6000米的钢缆。他还在船上建立了化学实验室和生物实验室，配备了回声测深仪、颠倒式温度计、深海拖网、深海取样器及采水器。"挑战者"号成了世界上第一艘海洋科学调查船。

万事俱备，1872年12月6日"挑战者"号正式启航。这天，60名科学技术人员和67名水手齐集在船上，而在码头上，送行的人声乐声齐鸣。在船长乔治·内厄斯的指挥下，船缓缓地消失在水天一色的远方。

在海上最初的几十天里，"挑战者"号闯过了北方冬天的风暴海区，向着加那利群岛前进。海洋科学探险与纯探险的性质不同，它必须按照预先布置的海上站位，进行多种项目的调查：测温、测流、测深、测盐度、海底采样……工作极其单调，而不像前期海上探险那样，直驶目的地，以获得富有刺激性的发现。

尽管"挑战者"经常停在风雨飘摇的海面，进行着日复一日的重复工作，但工作人员之间的气氛极为融洽。每天晚饭过后，科学家就围成一堆，一手拿着冒烟的烟斗，一手指着海图讨论，虽然有时对所获资料抱不同看法而争得面红耳赤，但科学的求实精神会使他们很快和好如初。当"挑战者"号离开加那利群岛时，第一批调查成果已送回英国了。

大西洋风光

"挑战者"号渡过茫茫的大西洋，向西印度群岛进发。1873年2月26日，科学家第一次记录到5487米的深度。后来，当船驶离西印度群岛时，他们又测得7067米的最大深度，这一片深海就是现在所知的波多黎各海沟。

为了对墨西哥湾流进行研究，"挑战者"号在百慕大群岛和加拿大之间迂回航行。他们首创了双机测流法，并且第一次用电阻温度计来测量水温，这是电子仪器在海洋探险中的最早应用。

"挑战者"号在大西洋"之"字形航行，从北美东海岸到佛得角群岛，再由佛得角群岛到巴西，这样两度横越大西洋。船在里约热内卢稍作停留后，第四次穿越大西洋，绕好望角，进入印度洋。他们的航迹反映了科学家们严谨的态度，他们按部就班、一丝不苟地实施预先制定的探险计划。

百慕大群岛

船一进入印度洋，就径直往东南方向驶去，先后到达爱德华群岛、赫德岛。当船驶入南极海区时，由于多变的天气，狂暴的风浪以及严寒使一些船员踌躇不前，他们纷纷要求汤姆森改变航线，放弃第153号观测站的测量任务。汤姆森一声不吭，转而征求科学家们的意见。60 名科学家无一同意改变航线。汤姆森非常满意地下令继续前进，到达 153 号站。153 号观测站位于东经 79 度 49 分，南纬 65 度 42 分。成群的鲸围绕着他们，海豹在近处潜泳，冰山从远处徐徐漂来……但"挑战者"号并不躲避，只是重复地做那些单调的测量取样工作。生物学家还带上猎枪，乘小艇到海上去打鸟制作标本。

1874 年 3 月，"挑战者"号由印度洋进入太平洋抵达澳大利亚的悉尼港。一年多来的海上生活，使他们个个精疲力尽，消瘦不堪，他们在陆上休息了一个月。4 月间，当他们重新要踏上征途时，发现有 1/3 的船员不辞而别。汤姆森恼火极了，但也没有办法，只好又花一个月的时间来招募新船员。

5 月，"挑战者"号离开澳大利亚到达新西兰，然后折向西北。在 1875 年的头两个月，他们一直辗转在西北太平洋上，以南中国海为重点进行科学考察。这一期间，他们到中国香港进行补给，原想四五天后即重返南海，哪知上岸之后又有一批船员杳如黄鹤。汤姆森为此又费了不少时间来招兵买马。他在物色水手的时候，听到俄、美、德的船只也来到太平洋进行科学探险。汤姆森立即与全体科学家讨论，大家一致认为太平洋远比人们所了解的要深得多。"挑战者"号义不容辞地要揭开这个奥秘。

1875 年 3 月 23 日，"挑战者"号来到马里亚纳群岛。经过一系列的水深测量，他们终于测得了 8148 米的最大水深。他们认为这并不是最深的地方，所以移动了几十千米后又做了一次测深。不过这次他们失败了，因为玻璃压力表被海底深处的巨大压力压得粉碎，根本无法知道这里到底有多深。然而他们的工作终于导致发现了马里亚纳海沟。

1875 年夏，他们驾船南驶，一路又做了不少调查。他们到南纬 18 度线时，便沿该纬度线东行。就在塔希提岛已遥遥在望时，年轻有为的动物学家威廉默斯·苏姆不幸中毒而死去，死的前一天他刚刚度过 28 岁生日。他在弥留之际的最后一句话是："上帝，把我留在海的怀里吧。"

"挑战者"号为苏姆举行了隆重的海葬仪式。然后船到塔希提岛停靠，这天是 9 月 13 日。

因为怕再因船员逃亡而耽搁行期，所以汤姆森不敢多作停留，就令

"挑战者"号向东进发。船从麦哲伦海峡再次进入大西洋。又经过一段时间的考察航行，在 1876 年 5 月 24 日回到英国的斯皮德里特港，完成了海洋学史上前所未有的科学探险。

塔希提岛

4 年间，"挑战者"号历尽艰难，纵横驰骋三大洋。船上原先雇用的 67 名水手全都半途逃走，而 60 名科学家除一人病逝外，都一直坚持到最后。

"挑战者"虽没有像历次殖民航海探险家那样满载黄金而归，但它对人类的贡献胜于黄金百倍。"挑战者"号航程达 127584 千米，测遍除北冰洋外的所有大洋，抵达除南极洲外的所有大洲，共观测了 263 个站位的水温，133 个站位的底质取样，151 个站位的生物拖网采样，发现了 4700 多种新的海洋生物。这些资料数据，经 76 位作者整整花了 23 年的时间，才完成分析、检验、整理和编辑出版工作。

单身环球航行第一人

乔叟·斯洛卡姆 1844 年生于加拿大，他的父亲是美以美教派的神职人员，同时兼给海员做木鞋，因此结识了不少海员。1858 年，父亲把 14 岁的儿子送到一艘海船上当厨师的助手，希望儿子能成为一名称职的海上厨师。但当这艘船第一次停靠时，他就被辞退了，因为他幼稚无知，做的饭菜倒尽了全体船员的胃口。不得已，他的父亲又把他送到另一艘船上去当见习水手。从此，他的漫长而曲折的航海生涯便开始了。

乔叟为人正直倔强，勤奋好学，18 岁就当了二副。不久，他买下了"阿克维杰克"号三桅船，当上了船长，并成了一名美国公民。

1871 年，乔叟与一位名叫弗吉尼娅·沃克的澳大利亚姑娘结了婚。他们以船为家，弗吉尼娅跟着乔叟到过许多地方，共同经历了许多风险：平息叛乱、营救吉尔伯特群岛的居民、在好望角死里逃生等等。

1884年7月，在巴西东南的外海上，弗吉尼娅得了重病，她希望能最后看看她的家乡。乔叟把船在阿根廷的拉普拉达靠了岸，去打听有什么货物要运往悉尼。谁知，他刚上岸，就看到他的船挂上了求救信号旗。他赶忙回到船上。当天夜里，弗吉尼娅就去世了。几天后，他怀着满腔的悲痛，故意把船搁浅了。后来，他恢复了理智，又把船救了出来，开到了波士顿。

1886年，乔叟在马萨诸塞州的一个港口，遇见了年轻漂亮的缝纫女工亨利埃特·艾略特，他们相爱结婚了。婚后6天，他们就乘船前往巴西，不幸搁浅在巴拉那瓜湾的沙洲上。船体迅速解体，货物也随之沉没了。永不灰心的乔叟又凑钱建造了一条新船。因为它是在巴西农奴获得自由的那一天下水的，他就把船命名为"解放"号。这条船船体过小，外形与舢板相似，不适宜远航。乔叟雇了一位黑人海员，驶回美国。经过53天的航行，到达了华盛顿。那位黑人海员担心自己会同"解放"号一起成为海神的牺牲品，就不辞而别了。而他的妻子亨利埃特也厌倦了航海，就定居陆上，再也不出海了。乔叟无力购买或建造一只适于远航的船只，只好去租船，但船东们谁也不愿把船交给他指挥。不得已，他就到造船厂当了工人。在船厂他结识了一位外号叫海狼的老船长，老船长非常同情他的遭遇，就把自己的一条旧船慷慨地赠送给他。

这是一艘被蛀虫蛀蚀了的旧炮舰，虽然不如想象中的那么完美，但修整后还能使用。乔叟花了一年的时间把它修好了，并命名为"浪花"号。它长11.3米，宽4.32米，舷高1.27米。

岁月在无情地流逝，家庭的沉重负担及牵挂，使他不能扬帆远航，只能在近海范围内捕鱼捞虾。不久，他的妻子也不幸病世了，乔叟变得沉默寡言，整天郁郁不欢，踽踽独行。已经长大成人的儿子维克多认为父亲是一个性情怪僻、微不足道的庸人，便在1895年抛下了51岁的父亲，远走高飞了。

经过这多次的生活上的打击，乔叟对家庭生活不再感兴趣了，他渴望回到人海里去。他从小热爱人海，熟悉人海，有着丰富的航海知识，是个

出色的船长。他干别的不行，卖鱼他亏了本，造船又破了产。他为了养家糊口，又写了一本名叫《"解放"号的航行》的书，但书出版后只卖了寥寥数本。他的事业不是在陆上，他的前途在海上。他决心返回大海，做一次没有先例的单人单船环球航行。

1895年4月24日，他乘着"浪花"号从波士顿出发了。船里放着朋友送来的腌鳕鱼、鱼油、鱼叉、炉子、马灯等必需品。他卖了家当，买了6只橡木桶，用来装淡水，又买了点食物。出发的时候，他身上只有一个半美元了。他先向北航行，访问了几个港口，最后到了加拿大新斯科舍省的亚默斯港。7月2日，他从这里出发，驶向烟波浩渺的大西洋。

他乘着一叶孤舟在茫茫大海中行驶着。想到繁华的城市、炎凉的世态和自己清贫的生活，一种孤独愤世之感油然而生。为了排除心头的苦闷，他就站在船头放声高歌，把从童年起就学会的所有歌曲都一一唱遍。海浪拍击着船舷，浪花溅着他的身躯，歌声在大洋上回荡，

大西洋

连海豚也一群群地赶来倾听他那动人的歌声。他感到自己仿佛在同大自然交谈，心里舒坦多了。

可是，时间一长，唱歌也无法排除胸中的积郁和苦闷，于是，他就不停地自言自语，一会儿用船长的口吻说话，一会儿又用船员的语气回答。

18天后，他驶抵亚速尔群岛中的法阿尔一岛。上岸后，他大吃大喝，把自己灌得酩酊大醉，然后他又驾船远航。8月4日，他终于越过大西洋，抵达直布罗陀港。他本来想穿越苏伊士运河，经红海进入印度洋。可他在小酒馆里听人说海盗经常出没于红海，便改变计划，重新越过大西洋，从相反的方向环球航海。

艰难的航程又开始了。"浪花"号一驶离直布罗陀，就遇上了大风。风愈

刮愈猛，帆被刮得劈啪作响，桅杆也被刮断了，小船在风浪中不停地打转，情况十分危急，斯洛卡姆经过一番苦斗，好不容易才把桅杆重新竖了起来。

经过 40 天的航行，斯洛卡姆到了巴西的伯尔南布科。南美的海岸从未给他带来过什么幸福。20 年前，他的"解放"号在巴西搁浅，使他处于破产的境地。而这次又重蹈覆辙，"浪花"号也搁浅了。不过这次还好，船体没有破裂，附近的渔民闻讯赶来，救出了他的船。"浪花"号又能扬帆远航了。

他驶过麦哲伦海峡，进入浩瀚的太平洋，越过了一个又一个的小岛，来到了澳大利亚。他在塔斯马尼亚度过了整个夏季，于 4 月 1 日启程，进入了印度洋，然后越过好望角，又回到了大西洋。

在圣赫勒拿岛，他把一只母山羊拖到船上，这样他就有羊奶喝了。可是船上没有牧草，山羊竟把他的海图都吃光了！不得已，他只好把山羊留在阿森松岛上。1898 年 6 月 28 日，他驶抵美国罗德艾兰州的新港市。至此，他历时 3 年 2 个月零 2 天、航程 4 万 6 千海里

太平洋一角

（约 8.5 万千米）的环球远航，终于胜利完成了。

这一下，他可成了举世皆知的风云人物。《世纪》杂志买下了记叙他这次孤身远航文章的出版权，他撰写的《只身环球航行》一书也成了畅销书。人们还仿照他的"浪花"号造了许多单桅小帆船，以他为榜样，纷纷驾船出海远航。

"太阳神"三漂大洋

挪威向来是航海家的故乡。1914 年 10 月 6 日，伟大的海洋探险家索尔·海尔达尔诞生了。

海尔达尔从小就不是个循规蹈矩的人，他贪玩，爱恶作剧，对商业、文学、科学俱无兴趣，但这并不妨碍他结识漂亮的姑娘。22 年后，他偕同可以说同样胆大妄为的新婚妻子阿莉索前往太平洋的法国希瓦提群岛定居。他们在椿树上建造了一间小木屋，以欢度蜜月。但海尔达尔对这些很快腻味了，于是他跑到当地的土著人那里去搜集古代文明的遗物。这时，挪威传统的航海家的血液在他的身上沸腾了，他认定自己应该作一番惊天动地的事业。以后的 3 年，他一直浪迹于太平洋诸岛之间，记录他的见闻，并阅读了大量书籍，他确信：从东方不断吹来的信风，可以把古代的木筏一直向西吹到这里。

海洋探险家海尔达尔

但在第二次世界大战期间，他乘木筏实现渡洋的愿望暂时受阻。直到 1946 年，他才真正开始筹备他的"木筏渡洋计划"。

他收集了无数资料，充实他的知识，同时积极寻找巴里萨圆木。这种树木不易吸水，不易腐烂，很适于建造牢固的木筏。他终于在安第斯山脉的深处找到了 12 棵巴里萨树。踏着泥泞穿过丛林，他把它们运到了海边，

太平洋中的岛屿

并请秘鲁海军造船厂造好木筏。他在筏身上铺上竹席作为甲板，又在木筏靠后的地方用竹笆和芭蕉叶建造了一间小屋，然后架起"A"字型的桅杆，撑起巨大的风帆。这时他已经组建起他的航海探险队，除他之外还有 5 个人，这些人有的是他的

老朋友，有的是工程师，还有的是科学家。

1947年2月27日，挪威国旗在木筏上迎风飘扬，秘鲁卡亚俄港黑鸦鸦地站满了欢送的人群。海尔达尔把木筏命名为"康提吉"号，以纪念印加人的太阳神。

木筏先被拖船拖到公海上。到了离岸80千米的海域，拖船一声长鸣，告别了"康提吉"号开始航行。风帆在一阵阵轻微的南风中徐徐升起，上面画着的康提吉神像显出愁眉苦脸而又略带愤怒的神色，它正注视着下面手忙脚乱的乘员们。不久，南风变成了西南风，而且越刮越大，木筏以很高的速度向前漂去。但是人类驾驭木筏的技术在几千年前就已失传，木筏常以筏舷迎着海浪前进。风帆被风吹得噼啪直响，绿色的大浪跃过筏舷，把甲板淹湿，因此探险家们时常提心吊胆、手足无措。

风力越来越大，到了下午，浪头排山倒海似地扑来。3名乘员把风帆降下一半，并且紧紧拉住帆索，另3名乘员竭力握住6米长的红木舵橹，为使木筏保持平衡，必须使筏尾贴近水面。在这一望无际的汪洋大海中，"康提吉"号显得多么渺小无力，但每一个探险者心里都很明白：唯有向前才能获得一线生机。在这前所未有的艰难搏斗中，他们渐渐地成为熟练的木筏操纵者。他们分成两组，轮换3个小时值班，3个小时睡觉。后来他们把3小时轮换制改成2小时，原因是根本支持不了连续3个小时地推动舵橹。后来出于同样原因，又把值班的时间改为1小时。每当值班人员被接替下来后，便跌跌撞撞地奔回小屋，倒在地板上就昏昏入睡，因此他们几乎没有吃东西的时间。

到了第3天夜间，探险家们取得了暂时的胜利，风暴慢慢平息下来。但此时探险家们已个个精疲力竭，他们降下风帆，在潮湿的甲板上足足睡了一整天。四周的一切显得那么明朗和宁静，他们测定了"康提吉"号的方位，才知道这场风暴把木筏吹得离陆地仅200千米。不过这也不必担忧，因为此处的海流正把他们以每天90~100千米的速度向西漂去，最高航速有时达130千米。

一个星期过去了。虽然天气时好时坏，但木筏没有受到大的损坏，下沉也不太严重，唯一使他们担心的是缆索的耐久性。当波涛涌来的时候，每根圆木上下翻滚，不断拉扯和摩擦着缆索，而缆索也发出吱吱的呻吟声，使他们睡不安席。

航行至第 8 天，海洋上一片平静，"康提吉"号的速度开始变缓。这时木筏周围出现了许多鲨鱼和沙丁鱼。他们试着采用灯光捕鱼，一夜之间飞上木筏的飞鱼有 20~30 条之多。随后他们又捕到了几条大鲭鱼和鲨鱼，这样使他们确信，在大洋上航行，不会有饥饿的威胁。

"康提吉"号到达了南赤道海流区，安全地向西漂去。这时鲸和大海龟也时常光临这条木筏，使他们大开眼界。他们已经很久没有看到陆地和轮船的踪影了，但他们并不感到寂寞和孤单。他们在海上有许多事情可做，譬如安装测海流的仪器，通过无线电与岸上陌生的无线电爱好者聊天，看书，下棋，摄影……

航行第 45 天，木筏位于西经 108 度，距美洲海岸 3500 千米，已走完一半的路程。目前最近的陆地是南边 1000 千米的复活节岛。当他们几天后越过西经 110 度线后，他们进入了波利尼西亚海域，每个探险家对他们的成功充满了信心。

6 月 10 日，天气变坏了，波浪重新跃上甲板，冲向小屋，不过探险家此时已经能应付自如了。他们现在担心的是"康提吉"号正处于马克萨斯群岛的弧形区，风暴很可能会把他们吹离航线，从而到达南方的海域，这样他们得在海上过更长的时间。但是，这情况并没有出现，风暴只刮了一天便停息了。

波利尼西亚海域中的海龟

"康提吉"号不断缓慢地向西漂行。就在这天晚上，发生了一件极为惊险的事情。当时正在起风，工程师格尔曼竭力想抢救一只被风吹走的睡袋，不料绊了一跤，落入水中。其他人听到一阵微弱的呼救声，只见一个脑袋在海浪中时沉时浮越漂越远。虽然格尔曼是个游泳好手,但在汹涌的波涛中,要游回顺风漂泊的木筏的可能性很小。木筏上的人乱作一团,抛出的救生圈被风吹回到木筏,而掷出去的绳子更不顶用。这时格尔曼已经远离木筏,但他仍在拼命地游,希望回到"康提吉"号上。突然,无线电通讯员克努列把一根绳索缠住自己的腰,另一头交给了海尔达尔,接着便纵身跳进海里,使劲向格尔曼游去。他抓住了已经往下沉的格尔曼,海尔达尔就急忙收绳子。他们都直冒冷汗,因为在水里的人身后,有鲨鱼巨大的背鳍在划动。好在鲨鱼被睡袋的绳子挂住,当他们被拖上木筏之后,那条大鲨鱼开始撕噬睡袋。

经过 12 个星期的航行之后,"康提吉"号到达了马克萨斯群岛和土阿莫土群岛之间的水域。木筏继续被东风吹向西边。鸟类开始频频来访这艘木筏,探险看来就要结束了。7 月 4 日,他们果真看到了陆地,但木筏缺乏自备的动力,根本靠不上岸。他们无可奈何地看着小岛越离越远。

木筏在海上又颠簸了几天。在航行的第 136 天,即 7 月 13 日,黎明时分探险者们从桅杆上看到一个被棕榈树覆盖的小岛,显然木筏已处于拉罗伊阿岛暗礁密布的水域。木筏继续向小岛飞速前进,筏尾在拍岸浪的泡沫中时隐时现。突然一阵不小的震动,"康提吉"号卡在两块暗礁中不动了。波浪立刻涌上甲板,冲毁了甲板上的小屋。巨大的桅杆也被折断,倒在小屋的顶上,舵橹齐齐地裂成几片;就连镶在筏首的防撞木板也都成了碎片。劫后余生的"康提吉"号已经失去往日乘风破浪的雄姿,只剩下一副支离破碎的骨架。

6 名探险家跳上早已准备好的橡皮艇,带着仪器、资料和拍好的电影胶片,曲曲折折地绕过暗礁,驶进了一个蔚蓝色的海湾,然后登上小岛。他们上岸后所做的第一件事,就是把叉开十指的双手插进灼热的沙子里。

在"康提吉"号航海的 136 天里,漂流了将近 9500 千米。这次探险令人信服地证明:用木筏可以远渡重洋。

后来"康提吉"号的残骸被运回遥远的挪威,与征服南极的阿蒙森乘坐的"先锋"号一起,成为奥斯陆海洋博物馆的珍贵展品。

海尔达尔于是成为世界级的名人,他获得了众多的勋章和奖章。但 20

多年后，54 岁时，他放弃宁静而富足的生活，再次踏上了海洋探险的征程。他冒着丧失一切的风险，着手准备新的更为动人的计划：用纸莎草扎成的芦苇筏横渡大西洋。他的计划的目的是揭开古代非洲与南美洲文化联系的秘密，举例来说，埃及的金字塔为什么与墨西哥的金字塔是如此地相似，而这两个国家的骨头环雕术和木乃伊制作技术也是同样高度地发达。海尔达尔认为：两大洲的联系工具是芦苇筏。他决心以自己的亲身实践来证实他的看法。

1969 年 2 月，他从乍得湖买来了大约 150 立方米的纸莎草，运到埃及吉萨的赫莫泼斯金字塔脚下。几十个当地的能工巧匠用马尼拉麻绳把大约 200 万根芦苇捆扎起来，然后按照埃及古书上的图样扎成了一只长 17 米、宽 5 米，尾部和头部都高高翘起的芦苇筏。海尔达尔把它命名为"拉"号。"拉"是古埃及宗教中鹬面人身的太阳神。在"拉"号上唯一的木质构件是两根直立的双腿桅杆，芦苇窝棚就设在桅杆下面。

海尔达尔觉得他的探险队应该是国际性的，象征着不同民族的团结合作。所以他从不少志愿者中挑选了美国人、埃及人、意大利人、墨西哥人和苏联人作为他的探险队的成员。4 月 29 日，"拉"号从吉萨运到了萨菲港。按照地中海古代航海者的惯例，"拉"号上也带着装有黑李子干的双耳陶罐、盛水的牛皮囊以及斥 15000 年前的方法烤制的面包干。

5 月 23 日，萨菲港的堤岸上人山人海，当"拉"号的最后一根缆索滑入水中的时候，岸上发出了雷鸣般的欢呼声。这时，桅杆上垂挂起一张 48 平方米的紫红色大帆，帆上绣着那咋怪异的太阳神像。4 只小划子把金黄色的"拉"号拖出了港区，远远看去像在海面上的一堆干草垛。

24 小时后，海尔达尔拍来一份电报，告诉人们"拉"号平稳地漂浮在海上，顺风正送他们西行。过了 3 天，海尔达尔又拍来一份电报："我们到达了距加那利群岛 150 千米的地方，全体人员和睦相处，美国人和苏联人找到了和平共处的模式。"一个星期后，海尔达尔的电报具有幽默色彩："请转告那些怀疑论者，他们预言'拉'号在 7 天之内会泡胀沉没，而现在它仍然像鸟巢一样高高地浮在海上。"到目前为止，海况很好，"拉"号一帆风顺，海尔达尔甚至认为用不着 3 个月就能到达大西洋的彼岸。

但是他未免乐观得过早了。固然，芦苇筏绕过佛得角群岛后，依旧凭借南赤道暖流快速向西漂流，但坏天气已经频频来打搅了。"拉"号的尾部原先像月牙般高高耸起，现在浸湿之后，在巨浪的冲击下逐渐垂到海面上了。这样海浪便能从筏的尾部跃上甲板，反复冲击着那间住人的芦苇小屋。7月上旬，"拉"号的情况变得险恶，它的尾部以及后部的甲板几乎全被海水淹没了，只露出舷边的芦苇梢头。尾部继续一天天地下沉，已成为妨碍前进的累赘了。"拉"号越来越湿，它的长度整整缩短了4米，海尔达尔在寻思：古埃及的航海家若遇到这种情景，他们会怎么办？他实在想不出办法，于是决定用泡沫塑料做的救生艇来抬高尾部。结果还真见效，尾部稍稍浮起了一点，但不久，又很快恢复了下沉的原状。

这时，被海尔达尔自豪地称为金色天鹅的"拉"号已经成为一只狼狈不堪的"落汤鸡"了。白天探险家只好躲在小屋里避免曝晒，但是小屋里霉味冲鼻，大部分食品已经腐烂变质，再也不能食用了。

"拉"号在不断下沉。苇秆被海水泡胀，只有筏舷还露出水面。他们为了减轻重量，把所有的双耳陶罐抛进海里，但这并没收到明显的效果。从大陆上拍来的电报建议探险队员们离开"拉"号。

但探险队员们依旧精诚团结，像乌鸦似的蹲在芦苇小屋顶上，不屈不挠地支撑着。天气变得更坏，暴风无情地刮着这只快要淹没的"落汤鸡"。不过这只"落汤鸡"也以惊人的毅力，半沉半浮地继续西行。

7月16日，漂流的第55天，"拉"号已经行驶了5600千米。就在这天遇到了一条名叫"谢南多亚"的渔船，他们把所有的装备全都搬上了船，而自己则依旧蹲在"拉"号上。但是到了第二天，"拉"号简直成了"潜水艇"，海尔达尔等7名探险家只得登上渔船。不过他们仍不甘心，只是宣称：他们在船上将住一个晚上，第二天上午还要回到"拉"号。

然而，他们的愿望终于破灭了。7月18日上午，海面上再也见不到"拉"号的影子，这时他们离美洲海岸还有1100千米。

海尔达尔在美国稍稍逗留之后，与其他探险队员一起又返回开罗。他向记者发表了一个类似自我解嘲的声明："拉"号是成功的，它证实芦苇筏是可以到达南美的。他的理由可以说是充分的，因为大西洋的宽度为2800

千米，而"拉"号却漂泊了 5600 千米。但新闻界对他的声明表现出一种冷笑。

1970 年 5 月，传出了一则轰动的消息：焦头烂额的海尔达尔将乘坐"拉" 2 号的芦苇筏再度出洋探险。

这次他总结"拉"号失败的教训，重新设计芦苇筏。他在筏底安装了 10 根横梁，甲板上的棚屋用藤条进行加固。"拉" 2 号的长度为 12 米，宽 4.9 米，芦苇束的厚度为 2 米。

5 月 6 日，"拉" 2 号刚下海就遇上了阵阵大风，把"拉" 2 号吹得像纸船似的在

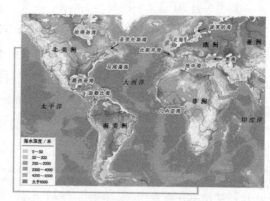

世界三大洋分布图

水面上不停地转圈，继而径直朝 4 米高的防波堤冲去，围观的人发出一阵惊呼，连海尔达尔也吓得目瞪口呆。然而奇迹出现了，"拉" 2 号的弧形筏首稍稍弯了一下，接着皮球般地从堤上弹开，又缓缓地回到了港地。海尔达尔一身冷汗，要是木船，这猛力一撞，准得四分五裂了。

探险队成员增加到 8 名，除了原先"拉"号的人员外，又多了一名日本的摄影师。这一次他们在食品准备方面不再遵循古代的传统，而采购了罐头等现代食品，淡水存放在储水槽里，扬弃了易变质的牛皮囊。

5 月 17 日上午 8 点半，"拉" 2 号被拖轮拖到公海上。这天的天气很好，万里无云，海面上风平浪静。出乎意外，一到公海，风又刮起来了，是微微的顺风，"拉" 2 号像快艇似的向西漂行，前进速度达到每小时 13 千米。傍晚，海岸已经看不到了。

开始几天一切顺利，但到了第 5 天，他们发现"拉" 2 号下沉了 10 厘米。他们立刻开始抛弃所有多余的物资，芦苇筏保持了浮力。为了使他们的探险增加些乐趣，这次带了 1 只猴子、5 只鸽子和 2 只鸭子。事实证明，带猴子实在是个错误，它经常捣乱，有一次偷走了一名探险队员的近视眼

镜，而且当着人的面把眼镜扔进了海里，这样，这个人在整个航海中简直像瞎子一样摸索着干活。第6天之后，风停了，大帆低垂，这情况一直持续了一个星期，他们只好每天在芦苇筏四周尽情游泳，鸭子也参加了他们的活动。

到了5月30日，顺风又刮了起来，"拉"2号的航速达到每昼夜130千米，海尔达尔的情绪立刻高涨起来。他们离开西非大陆已经两个星期，漂行了大约930千米。以后的航程十分顺利，6月中旬，"拉"2号行至大西洋的中央地带，就是说，已走了3150千米左右。但是时间刚过6月18日，海洋又波涛汹涌，这样的巨浪是他们以前的航行中从来没有见到过的。如果说，最初探险家们认为"拉"2号可以轻易到达目的地的话，那么几小时之后他们则发现它是多么难以驾驭。"拉"2号一会儿被高高地抛上满是泡沫的浪峰，一会儿又垂直地跌入深蓝色的波谷之中。幸好月牙形的筏尾保护住芦苇筏不让海水侵入，否则一年前"拉"号的惨状又会重现。

下午4点，更大的灾难来临了。海尔达尔此时正在值班，突然听到噼啪一声，舵桨折断了，"拉"2号完全失去了控制，巨浪立刻开始冲击筏舷的左侧。全部备用的圆木早在芦苇筏开始下沉的前几天就抛掉了，没有任何东西可以用来修复被折断的舵桨。现在除了作紧急的逃生准备外，其他的一切只能听天由命了。

第二天，风暴稍稍平息。探险家们虽然整夜未睡，但也只得拖着疲劳的身躯挣扎着干起活来。他们首先得抢救被波浪打湿的装备，当他们清点损失时，发现少了两个"成员"——鸭子全不见了。至于那只猴子，则高高地攀在桅杆上，朝人们嘻嘻直笑。他们又气又恼，但也没有办法。遭劫后的"拉"2号呈现出一副可怜巴巴的惨状：它更下沉了，由于芦秆泡胀把原来的缝隙堵住了，甲板上的积水由于漏不下去形成一个大的水洼。

大洋完全平静下来，他们用绳索把折断的舵桨绑住，恢复到勉强可以操纵的程度。风帆再次升起来了，"拉"2号蹒跚地向西移动。芦苇筏经历了这次灾难，下沉得更严重了。现在，探险家们的生活再也没有当初那么舒服了，首当其冲的折磨是淡水不足，每人每天只能喝两杯。有一次，那只没有调教好的猴子居然朝储水槽里拉尿，即使这样，也没人提议倒掉那桶淡水。

　　不过，唯一庆幸的是"拉"2号又以每昼夜90千米的速度漂行，而且一直朝着巴巴多斯岛的方向前进。探险家们希望往后顺风不再离开"拉"2号，因为它现在只能完全借助顺风才能到达目的地。这时，芦苇筏已通过一年前他们离弃"拉"号的那片水域，这等于说，他们距大陆只有930千米了。在整个旅途中几乎一直呆在"拉"2号上的鸽子，曾几次放飞都仍回到芦苇筏上，而现在则一齐朝西飞去。探险队员预感到这是个吉兆。

　　6月29日，探险的第43天，大洋又开始喧嚣起来。他们正在焦急，突然无线电里传来了呼叫声，原来是海洋考察船"卡拉马尔"号正在寻找他们。他们立刻报告了"拉"2号的方位，但直到第二天的薄暮时分，他们才看到"卡拉马尔"号的船影。天色暗淡下来了，现在"拉"2号被考察船陪伴着向前行驶，但风暴对"拉"2号的考验并未结束，从北方刮来的阵阵强风扭转了风帆，波浪冲上了甲板，海尔达尔开始吃惊不小，而后才发现它沉没的危险性不大。

　　经过一场搏斗，终于使"拉"2号恢复了稳定，此后的风向又转为顺风。这时，连"卡拉马尔"号的考察队员也惊叹不已，因为"拉"2号的漂流速度达每昼夜140千米。离岸不远了，到了7月1日，"卡拉马尔"号认为芦苇筏能安全抵陆，所以打声招呼便开走了，撇下的探险家又重新孤单地面对浩瀚无际的大洋。

　　天气又变得越来越坏。预示着大雷雨的乌云开始在"拉"2号头顶密布，但海尔达尔并不感到担心，因为他的手下都是些久经考验的勇士，"拉"2号也不因为继续下沉而影响速度。7月8日，芦苇筏已经到达了离巴巴多斯岛不到350千米的海域。海尔达尔估计，如果不出意

布里奇顿港风光

外，4 天内"拉" 2 号就能到达陆地。这时巴巴多斯当局已经知道了芦苇筏的临近，立刻派出一只小汽艇，护送它走完最后一段航程。

7 月 10 日中午 12 时，"拉" 2 号终于靠上了陆地，它在布里奇顿港的防波堤前降下了标有太阳神形象的风帆，而堤岸上欢迎的人群发出了雷鸣般的呐喊。

芦苇筏横渡大西洋取得了难以置信的成功，它写下了海洋探险史最神奇的一页。人们联想海尔达尔 20 年前的"康提吉"号，三次横越大洋，他的筏上都有太阳神的徽号，于是挪威的报纸也称他为"太阳神"，以表示对这位无畏的探险家的尊敬。

■ 潜入世上最深的海底

1959 年，美国海军决定探测世界海洋最深的海沟——马里亚纳海沟，他们选中的潜水员是小皮卡德——其父是有名的潜水发烧友老皮卡德教授。

1960 年新年伊始，"的里雅斯特"号由巡洋舰"温达克"号拖曳着，来到了距关岛西南 354 千米的海面上。这里是马里亚纳海沟中的"挑战者深渊"。1951 年，英国的海洋调查船当时探测到这里的深度为 10863 米，由于该船是"挑战者"18 号，深渊因此而命名。

在"的里雅斯特"号到来的前几天，美国的驱逐舰已向海里投放了近70 吨黄色炸药，以寻找深渊的合适下潜点。他们找到了一个声波历时 14 秒钟才返回的地方，深度为 11000 米，这深度很可能是"挑战者深渊"的最低点，于是就定为"的里雅斯特"号的创记录处。

1960 年 1 月 23 日上午 8 点 23 分，小皮卡德和美国海

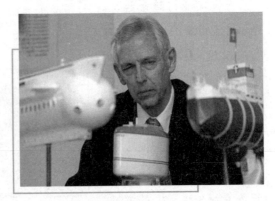

小皮卡德老年照

军中尉唐·沃尔什进入深潜器，开始下潜。沃尔什是个年轻的军官，已作过6次深海探险，这次是为小皮卡德当助手。

"的里雅斯特"号开始下潜得十分缓慢，10分钟才下潜了91.5米，15分钟后到达130米，22分钟深度为160米。当它超过200米的深度线时，下潜的速度明显加快了。这时的周围已是漆黑一片。他们还没使用探照灯，一批闪光的浮游生物替他们照亮下潜的道路。75分钟后，到了1600米的深处，他们与海面的"温达克"号进行了第一次通讯联络，到3000米处，又进行了第二次通话，第三次通话是在4000米深处。每次通话的声音都十分清晰，他们报告一切顺利，上面则祝他们建立功勋。

"的里雅斯特"号按计划以每秒0.9米的速度到达7900米的深度，这表明他们已经创造了新的下潜记录。此时他们与"温达克"号的无线电通话还是十分畅通。时间到了11点30分，他们通过仪器，丢弃了6吨重的压舱物，下潜的速度变慢了，为每秒0.6米。这时观察窗外的海水似乎十分平静，他们打开了探照灯，光柱投射到下面很深的地方，看上去一无所有。他们觉得仿佛处于虚无缥缈的太空之中，在富饶的海洋里，他们看到了它一贫如洗的一面。

当他们到达9900米深度的时候，突然听到深潜器发出了一阵沉闷的爆裂声，密封舱也同时被震动得摇晃起来。他们不免有些紧张。难道是到达海底了吗？没有，回声测深仪尚无任何反应，深潜器继续下潜着。他们擦擦头上的冷汗，把所有的仪器全都关闭了，想查明发出爆裂声的原因。细微的爆裂声依旧从密封舱的四面八方传来。他们推想，也许是深海的海虾在密封舱上爬动，或是防护漆脱落了？他们犹豫起来，停止下潜的念头闪现出来。两人交换着目光，目光里流露出各自内心的恐惧。然而，正是这恐惧使他们都感到了羞愧。人的尊严不容许他们退却，他们决定拼死也要继续下潜。透过舷窗，视野中突然呈现出生命的迹象：好像是水母、海蜇之类的圆形生物在海水里飘然而过。在前几次的深潜中也看到过这类东西，他们渴望了解深渊里有没有鱼类。

这时，无线电话突然失灵了。与外界的断绝联系，使他们刚刚平静下来的心弦又一下子绷紧了。然而他们随时准备接受着陆时的轻微一晃，享受那莫大喜悦的一刻。13 点06 分，"的里雅斯特"号终于沉到了那乳白色的地毯般柔软的海底！小皮卡德激动地抓起电话大声喊叫起来，他忘记它失灵了。

他们打开水银灯，透过舷窗，睁大眼睛往外瞧。呀，在离深潜器 1～2 米远的

白色而柔软的海底

海底中有一条鱼！形像鞋底，刚好落在水银灯的光柱之中。

看上去，这条鱼是世界独一无二的品种——长 30 厘米，宽 15 厘米，扁扁的身躯，头部长着向上翻突的眼睛；它悠然地摇摆着，缓慢地蠕动着。它慢慢地然而大模大样地游到舷窗前，看一眼，又慢慢游走了，钻进乳白色的淤泥之中，那条扁平的尾巴则在抖动着。他们还看到一只长 30 厘米的红色大虾，长久地停在舷窗上。

他们测得了深渊的水温是 3.33℃，又确认了深渊底不存在海流。

小皮卡德对无线电话已不存在任何希望，但沃尔什却一直在对话筒呼唤。他的脸上突然现出了兴奋的表情，并且朝小皮卡德作了一个接通的手势。"报告，'的里雅斯特'号现在到达了'挑战者深渊'的海底，深度为10918 米。"他们两个不约而同地喊叫起来。此刻他们明白了，无线电话的失灵是天线上面密集的浮游生物的缘故。

他们打开了深潜器尾部的探照灯。沃尔什向外仔细观望着。他发现舷窗玻璃上出现了一道裂缝，虽然巨大的压力使它合拢没有渗水，但裂缝却是清晰可见；此外，探照灯的灯罩上也密布着细小的裂隙。这才清楚了在下潜时听到的沉闷的爆裂声响的原因。这并不奇怪，在这样深的海底，不要说玻璃，就是"的里雅斯特"号的金属壳体也被水压压缩了 1.5 毫米。此时它的每平方厘米承受了 1200 千克以上的力，它的承受总压力为 15万吨！

上浮的时间到了。小皮卡德按住电钮，切断电流，吸附在浮筒上的铁

球从压载舱里倾泻而出，沉入到松软的海底淤泥中，荡起一股巨大的闪光尘云。

"的里雅斯特"号腾地一下飞跃而起，迅速向海面上浮。15时56分，"的里雅斯特"号重见阳光。这时美国海军的飞机在空中盘旋，驱逐舰向远处鸣放着礼炮。当小皮卡德回到"温达克"号舰上时，他收到了一封电报：

"我为你骄傲，我的儿子，你现在成了海底探险的千古冠军。没有人再能打破你的记录了——老皮卡德。"

老彼卡德并没有溢美自己的儿子，小皮卡德潜入的是世界上最深的海底，没有人能比他下得更低了，除非发现更深的海域。小皮卡德的一项重大贡献是发现海底鱼，从而结束了人类近5个世纪的争论：深海底究竟有没有鱼类？他的海底探险，使海洋再也没有人类的禁区了，人类已经填补了遨游海洋的最后一个空白。

海底美景

首位"入住"海底的人

1962年美国人爱德温·林克潜入海底呆了4天的成功极大地刺激了法国人库迪。其实早在第二次世界大战前，他就与几位同道好友，组成了蛙人小团体。他们发明了水中眼镜、水中鳍和水肺。最早的水肺使用的是纯氧，因此潜到较深的地方非常危险，库迪有两次差一点溺死。他们就想到研究水中呼吸器，以适当的压力，自动送出空气。

就在这时，第二次世界大战爆发，库迪应征入伍。不久，法国战败，库迪被遣散出军队，于是他重筹他的蛙人小团体。

1942年，他认识了瓦斯专家卡克尼·爱米尔，他们决定要研究一种水下呼吸的新方法。他们从公元前的亚里士多德那里得到启发。亚里士多德曾发明用瓦瓮装空气的方式潜到水底，但是由于瓦瓮的体积太小，携带的空气不多，所以潜水的时间不长。库迪和卡克尼绞尽脑汁，终于制造出了人类第一部水下呼吸器。虽然在塞纳河里的试验中，呼吸器中的大部分气体变成气泡白白逸失，但库迪却感到呼吸舒畅。然而当他试图倒立时，呼吸器却断了气，他差一点被闷死。

1943 年 6 月，库迪和妻子与他的旧日蛙人团体的伙伴菲力普·迪马出发了，他们到达了法国南部的地中海沿岸，在里昂湾里找到一个僻静的地方。他们的行动非常小心，生怕被德国占领军发现，因为一旦被发现，很可能会被当作间谍论处。

他们背着圆柱形的压缩空气筒，上面有两根管子连接空气调节器，而空气调节器上也有两根管子连通面罩。他们穿上橡皮做的模拟蛙脚的水蹼。库迪最先下水，迪马则在海边待命。库迪的妻子莫茹也是个女蛙人，她戴着水中眼镜，在库迪的上方游，随时监视他的

地中海沿岸风光

行动，若有不测可以及时救他。

库迪安静而缓慢地潜入水中，轻松地呼吸着来自压缩空气筒里的新鲜空气。当他吸气时，可以听到嘶嘶的声音，呼气时，细细的气泡噗噗作响，并在他身后拖出一条白色的"飘带"。他站在海底的砂砾上，看到深绿色的海草，还有星状的艳丽的海胆布满脚下。他向更深处游去，到了一个海底峡谷的边上。他用双手在腹部拍水，脚蹼使劲蹬水，下沉到达峡谷底部。他仰望水面，蓝晶晶的，像一面倾斜的镜子。在这面镜子里，他看到了他的妻子莫茹，于是他向她招招手，她也向他招招手。

他开始打滚，翻跟头，以优美的姿态快速地旋转。他又用一只手指支撑

而倒立起来，这次背上的呼吸器没出任何故障，他成功了。以往的任何潜水，都需要母船从水面上供气，而现在用自携式呼吸器便能在海底自由活动。

这一个夏天，库迪和迪马在这里完成了 500 次自携式呼吸器下潜，深度从 15 米到 30 米。这成功使他们产生了一个错觉：使用水中呼吸器不会受潜水病的影响，也不会有对机体的其他伤害。为此，库迪准备潜往更深的海底。

1943 年 10 月 17 日，他们来到一片较深的海区。先垂下一根刻有长度的绳子到海底，然后迪马潜入海中，担任救护的库迪尾随其后。不久库迪感到有些头昏眼花，他看到迪马不断地向看起来是褐色的海底潜进。这时迪马的情况也不妙，他想看看周围的情景，大概是太阳光线太弱，他的眼睛不适应的缘故，什么也看不清。他摸着绳子，知道自己到了约 30 米深的地方。他的自我感觉突然好了起来，内心充满了一种奇特的幸福感。这种甜蜜感催他昏昏欲睡……最终，他到达了 64 米的深度。

等他们全部上水面之后方才明白，空气呼吸器对克服"氮麻醉"并无奇效。他们通过亲身的体验，知道了氮麻醉会使人产生一种安全感的错觉，在脑中出现许多幻觉，如有一次迪马觉得身旁游过的鱼类会缺乏空气窒息，差一点要把自己的氧气筒卸下来，慷慨地赠给它们。还有一次，他以为自己带着香烟，双手不停地往怀里乱掏。

1947 年，库迪决意打破迪马的记录。为了更快速下潜，他手中握有很重的铁块，果真达到了目的。他发现越接近海底，日光照到绿色的海里越像一个七彩的晕圈。他摸到绳子 61 米的记号处，在系在绳上的传言板上写下自己的感受："我闻到铁锈味道的压缩氮气，同时觉得

海底世界

有种酒醉的舒适。我发现自己分成了两个人，一个是愚蠢的自己被吊在绳子上面，另一个则清醒地注视着那个愚蠢的自己。很快，清醒的自我指示

愚蠢的自我别发呆，赶快下潜。"

　　库迪快速地蹬水，到达 90.5 米时，就在那里的传言板上签下自己的名字，然后把身上的铁块全部抛掉，身体就像子弹一样快速上升。此时他成了自携空气呼吸器到达最深处的世界第一蛙人。

　　1947 年的夏天过后，库迪等人试图再创下潜的新记录。这次的急先锋由摩里斯·法魁斯担任。他一直往下潜进，偶尔用力拉一下绳子表示自己一切顺利。过了一会儿，这个向上传的信号断了，在水面船上的库迪大吃一惊，立刻与几个人一起跳下水去。他们找了许久，甚至在深达 46 米的地方也没见摩里斯的人影。

　　他们只好重新爬上船，捞起绳子。在 104 米的传言板上看到了摩里斯的首字母，这证明他刷新了库迪的记录。突然，他们中的一个人喊了起来，大家发现不远处的水面上浮着摩里斯。但是，他已经死了，呼吸器的面罩脱落在他的胸前。库迪估计摩里斯致死的原因可能是氮麻醉造成错觉而酿成，所以从这之后，库迪等人再也不敢向氮气挑战了。

　　库迪此刻已过中年，他想洗手不干了。然而海洋已经成了他的灵魂，脱离大海的生活是他无论如何也不能忍受的。库迪不再认为自携式空气呼吸器能使人下到更深的海底，这不等于他不再使用空气呼吸器。每到风平浪静的日子，他依旧与妻子以及他的多年朋友，一起到温暖的海边，在浅海的珊瑚礁里寻找生命的乐趣。空气呼吸器一直是他们可信赖的助手。

　　他的执着的海底梦想使他转向于制造新的海底器具。他和他的好友们，以往虽然有数千小时的潜水记录，但看到的仅是广袤海底的浮光掠影而已。在潜水器里，人们不仅能长期逗留，而且还能往更深处潜进。库迪设想潜水器这种人类的海底居住地应该是舒适和别有风趣的，相当于憩静的"海底住家"。

　　经过多年的努力，他在 1962 年 9 月，建造了人类第一座海底房屋——"大陆架据点" 1 号，它位于法国南海岸边的 10 米深的海底。库迪与其他两个伙伴在那里生活了一个星期。在这一星期中，他们的"海底居民点"试验受到了各方面的支援和关怀。

　　就在这时，库迪发现了一位狂热的竞争对手，那就是大洋彼岸的爱德温·林克。于是库迪也以相应的狂热来接受挑战。1965 年，他马不停蹄地

人类旅行史上伟大的冒险

设立了海中住屋——"大陆架据点"3号。在这之前，他建造的"大陆架据点"2号，使5个男子在海底12米的地方生活了一个月。接着"大陆架据点"2号外移，直到50米的深处，有2名男子在里面生活了一周。

按计划，"大陆架据点"3号是海底殖民的大试验。库迪认为：住在海中人们的一个最大的危险，就是依赖陆地的支援，这使海中居民会产生一种无所事事、不敢自奋自强的情绪。他强调"海洋居民"在没有遇到紧急的变故时，尽量避免陆上居民的帮助，以求自给自足。

法国南海岸

"大陆架据点"3号置放在水深100.5米的海底。"海底居民"是6个训练有素的现代蛙人，他们得在暗无天日的地方生活3个星期。

6个居民一边劳动，做缝纫，加工机械，一边则大胆远离基地，潜至113米深的地方观察地貌和生物。这说明"海底居民"今后完全能胜任打捞沉船、开采石油，或者开垦海底牧场的工作。

3周时间到了，6个人一直生活在11个大气压的氦和氧的混合气体中。现在马上要上升了。他们转动特殊的机械，想把耐压舱的铁砂卸掉，以使球形的"大陆架据点"3号从海底慢慢浮起。但是铁砂卸掉后，球体却丝毫不动，显然是它被海底淤泥吸附住了。

库迪在岸上向他们建议：用压缩空气注入原放置铁砂的空桶里。他们依照着做了，但球体还是不动。库迪有些着急了，再次建议：开大压缩空气阀门。终于见效了，"大陆架据点"3号摇摇晃晃地摆脱了海底的"挽留"，慢慢地浮上海面。在岸上，经过 84 个小时减压，6 位"海底居民"再次成为陆地居民。

1973 年，他在美国创立"库迪协会"，1981 年他又在法国创立"库迪基金会"，其宗旨是促进国际海洋界的潜水研究。他到过世界上几乎所有的海洋国家，1987 年来过中国。

第一个单独划船横渡大西洋的人

巴西 28 岁的划船爱好者阿米尔·克林克，从 1984 年 6 月初开始，历尽各种困难和风险，用了 101 天，划小船成功地横渡了大西洋。他此行程 7000 千米，从非洲西南部的纳米比亚海岸抵达巴西萨尔瓦多附近的海滩，从而成为第一位独立划船横渡大西洋的人。

阿米尔为这次航行作了 3 年精心准备。他原是一家不动产公司的经理。为完成横渡大洋的壮举，他辞去职务，在母亲和好友的支持下，不辞劳苦地向一些大公司宣传自己的计划，最后得到 12 家公司捐赠的 1 亿鲁克赛罗的资助。

大西洋风光

在一位医生指导下，阿米尔制订了训练计划。他每天早晨，星期天和节假日都坚持训练，特别是动身纳米比亚前的 6 个月，每天练划船 6 小时，手和臀部都磨出了皮膙。

特殊食品

出发以前，阿米尔总结了前人的经验，专门请圣保罗一家生产脱水食品的食品厂的经理、营养专家弗洛拉为自己配制了特殊的食品。这些食品分装在 150 个铝和聚乙烯制成的真空袋里，总重量 150 多千克。脱水食品对这种长途旅行是最理想的食品。它们不含盐分，并且预先煮过，阿米尔吃时只需加些海水，然后放在高压锅上煮几分钟就行了。阿米尔每天三顿正餐，吃两次点心，每天只打开一个食品袋就足够了。暴风雨天，他食用罐头、脱水水果、蔬菜、饼干和奶粉，无需打开沼气罐生火做饭。这可以使他节省小船携带的沼气和 275 升的淡水。弗洛拉说："我告诉过阿米尔，他每天必须至少吃下了 3800 卡的热量才能坚持每天划行 10 小时。"为了防备万一，弗洛拉在每袋食品中配制的热量达到 4500 卡。食品中有杂豆、蔬菜、谷物、奶、水果、罐头、大豆制品、巧克力和糖果。弗洛拉说，阿米尔严格按照她配制的食品进食，他失去的只是脂肪，得到的是发达的肌肉和健壮的身体。

艰难启程

阿米尔是从纳米比亚南部卢得立茨小镇出发的，那里，6 月初的天气阴暗而变幻莫测，风速有时高达每小时 180 千米，掀起的海浪有 16 米高，长 150 米的大船也很难在这里靠岸。卢得立茨的一些好心人对阿米尔说："您这是往一座骷髅山上爬行。南非西南部沿海一带，多少世纪以来反复无常的大西洋海水，吞没了无数沉船者的尸骨!"但是，好心人的劝告挡不住阿米尔勇于探索的决心。

6 月 10 日早晨 7 时，阿米尔登船启程。此刻，卢得立茨海湾里浓云密布，混浊的海水猛烈地拍打着船体，几米高的海浪一次又一次地把阿米尔乘坐的"帕拉蒂"号小船推向岸边。"帕拉蒂"号长 5.95 米，是用雪松木建造的，船舱在门关闭后是密封的，船头和船尾部分成凸形，所有的设备、重物和压舱的东西，都放在吃水线以下，翻船以后，它可以自行恢复原状。凭着这只不沉的小船，阿米尔几经波折后勇敢地驶向大海。

在阿米尔以前，曾有 3 个人作过这种冒险，但都失败了。前两个人葬身大海，消失得无影无踪，第三个人在大海中坚持了几天几夜后被一艘大船救起。

海上第一天的颠簸使阿米尔感到精疲力尽，情绪低落，他未能完成预定计划。小船翻了一次又一次，没能架起天线同巴西和南非的无线电爱好者们取得联系，他也不愿把令人沮丧的消息告诉朋友们。后来，阿米尔走出小小的密封舱，用一根绳子把自己和船系在一起，架起了天线。第5天，巴西圣保罗的一位78岁的无线电爱好者佩雷尼清楚地听到阿米尔的声音。自此以后，情况开始好转，他赶上了本格拉海流。近500年前，在西南非洲沿海一带，著名航海家佩德罗·卡布拉尔的船队遇到风暴后偏离原来的航向，就是这个海流把他们送到美洲大陆。现在，本格拉海流再次把阿米尔的船推向西北，他开始在回家的路上划行。

阿米尔阅读过46本关于航海的书，潜心研究过南大西洋的海流。他了解，由于南极和赤道间的温差，大气和海水自南向北流动，直到地球中部，然后折向巴西沿海。阿米尔还在调查中发现，巴西巴伊亚州沿海经常漂浮着南非渔船撒下的渔网浮标，这些渔网由于海流的推动渡过大洋，来到了巴西。据估计，物体在本格拉海流中的漂浮速度大约是每小时1千米，5～6个月后可以从非洲抵达巴西。

作息有序

在7月底以前，由于缺乏经验，阿米尔未能为自己制订一个理想的作息时间表。他说："我原计划每天划行34海里（1海里等于1.852千米），最初尽了很大努力实际上才划行了25海里。那时，我划了又划，直到划累为止，这样很容易疲劳。我缺乏的是生活规律和自制力。"他总结了经验教训。8月份越过圣赫勒拿岛后，阿米尔严格按照自己制订的作息时间表行事。他每天早晨2点醒来后吃早饭，然后不间断地划2.5个小时。午饭后再划，每划15分钟休息一下，直到睡觉，每天划船8～10小时。阿米尔睡觉一直很好，最初有时甚至能睡10小时。在睡眠期间，船也能自行前进，这是靠海流的推力，还因为船的设计特殊。阿米尔的小船底部有一个装置，它可以把海浪和风对船侧面的冲击力变成向前的推力。另外，钢锚安在船的尾部，也有利于船的行进。

阿米尔休息时消磨时光的方法之一，是收听巴西《环球》电台的短波广播，他收听音乐，也关心来自巴西的新闻和消息。他有时候也对着大海发表演说，谈政治，也谈生活。他说："划船时，我用发表演说分散自己的注意力。有时自言自语，有时向着大海或者向着鱼群高声演讲。阿米尔还坚持天天阅读 1983 年诺贝尔文学奖获得者马尔克斯的名著《百年孤独》，每天读一页。他还坚持写航海日记。他准备把航海日记和沿途拍摄的照片汇集成册，出版发表。他说："航海中我懂得了一个道理：任何微小的事情对于取得进步都是重要的，时间浪费一分钟就是一分钟，头脑中一闪而过的想法，如果不能及时抓住并记录下来，就会永远丢失。"

鲸鱼相伴

由于没有带垃圾袋，阿米尔最初把吃剩的食品扔到海里。这种做法引来了鱼群，继小鱼之后面来的是大鲨鱼。他后来不再向大海投放剩余食品了。可爱的飞鱼有时跳进他的船舱，有时向他的脑袋打来。海鸥是他的经常伴侣，它们一会儿在上空盘旋，一会儿落到船上休息。但是，最令人不愉快的是鲨鱼的骚扰。阿米尔说，大约从 7 月底起就遇上了鲨鱼，"鲨鱼群在小船周围游来游去，我的唯一出路是躲进船舱。当听到它们撞击船体时，我胆战心惊，总怕船毁人亡。后来，我发现可能是船体的附着物引来这些讨厌的鱼群，我系上绳子抽空冒着风险 10 次下到水里清理船体"。蓝绿色的船体本来是为了防备鲸鱼的，实际上却引来大批的鲸鱼。阿米尔说："有一次当我准备检查天线时，我看到海面不远处露出个大脑袋。这是一条大鲸鱼，它正两眼炯炯有神地望着我，我被吓得毛骨悚然，赶快躲进了船舱。"他又说："有一天晚上，月明如昼，一切都显得很平静。还有 4 天的路程就可以到达巴西同家人团聚了，心里充满着喜悦和希望。但是，突然之间我感到船体从水中升了起来，完全脱离了水面。这时，我看到一条大鲸鱼的的鱼背正在把小船托起。它驮着小船游了半个小时才沉入水中，我吓得魂飞魄散。"

船上的雷达设施失灵，几乎使小船与一艘大船相撞。"帕拉蒂"船体上装置的金属线，应该能够把靠近的船上发射的雷达波反射回去，从而告诉大船的船长们小船的所在位置。同时，小船船内安装的雷达接收器，也应该能够及时告诉阿米尔，一艘能发射雷达波的船正在驶来。但是，一天夜里，当"帕拉蒂"即将与一艘拖船相撞时，它的雷达预警设施一点也没声响。拖船强烈的探照灯光拯救了阿米尔，他从睡梦中惊醒，立即拼命地划船，最后总算及时改变了小船的航向，避免了一场灾祸。但那天夜里，他怎么也睡不着了。

在漫长的旅途中，阿米尔看到的唯一陆地是圣赫勒拿岛。只有在旅程的最后几天，他才看到人。自此以后，他越来越明确地感觉到，巴西已经临近了。

凯旋而归

1984 年 9 月 18 日，阿米尔在离巴西萨尔瓦多市 60 千米的一处海滩上岸，他像英雄那样受到人们的欢迎。圣保罗埃斯佩里亚划船者俱乐部的 130 位会员和领导人，从圣保罗乘飞机专程赶到萨尔瓦多迎接阿米尔。他们穿着俱乐部部服，从早晨 9 点一直等到下午 3 点多钟。当阿米尔走来时，他们排成双行，举起船浆，唱着自己创作的赞歌，表示欢迎。在这种热烈场面面前，阿米尔流下激动的眼泪。巴西弗拉明戈划船俱乐部总教练吉列尔梅说："训练有素的运动员，不一定能完成这一创举。阿米尔克服了右手残疾带来的困难，克服了各种阻碍，凭着顽强的意志和决心，创造了这一奇迹。阿米尔是巴西的英雄，他的船应该进博物馆，他的名字应该载入巴西体育运动的史册。"

长江漂流第一人

尧茂书出生于四川省乐山市。在乐山南边 20 千米，长江逶迤而过。他与长江似乎有一种天然的血缘，当他一次意外地发现中国国家考察队拍摄的《长江》画册时，他的心被强烈地震撼了。从此，长江源头那片壮丽而奇美的风景便扎根在他的心中。"我要对长江做一次完整的考察！"他立下誓言，并开始做周密的准备。

他阅读和研究了上百种有关长江水文、地理、气象方面的资料，整理出从长江源头到渡口市沿江寺庙及藏民游牧点的详细图表。他常年泡在水库里用廉价买来的运动员们用旧的橡皮筏学习驾驶技术。1983 年，他自费到长江源头实地考察，并到大渡河、沱沱河等地对橡皮筏越险滩技术作了尝试。准备工作在按部就班地进行，尧茂书预备于1986年下水。

这时，突然传来美国人坎·沃伦率领一支探险队将于1985年8月到中国漂流长江的消息。他说："漂流长江的先锋应该是中国人！征服中国第一大河的第一人，应该是炎黄子孙！"本着一份民族的情感，尧茂书毅然决定提前实施漂流长江计划。

1985年3月底他自费取道兰州、西宁，过青海湖，越柴达木盆地，经西藏翻过唐古拉山。在6月12日，尧茂书与三哥尧茂江携带橡皮筏和大批行装，经过千里跋涉，终于来到孕育长江第一股涓流的姜根迪如冰川。尧茂书一下子扑倒在冰盖上，倾听着水珠的叮咚声，冰盖下有细流在涓涓地流淌。"多少年了，想不到我这一辈子真的到了长江源头。"此时，这位壮汉泪流满面。

对长江源头冰川进行几天考察后，尧茂书兄弟乘"龙的传人"号橡皮艇，计划用100天左右的时间，漂到长江尽头。

长江的源头水浅汊多。特制的橡皮筏只能在水深5米时才能漂起来，尧氏兄弟常得在冰水里推着橡皮筏前进。一个月下来，两人掉了5千克多的肉。由于缺乏维生素和高原强烈紫外线的照射，他们嘴脸几度脱皮溃烂，稍一张嘴，就会拉烂嘴皮。

6月24日，300千米的沱沱河漂完，只向单位请了一个月假的尧茂江的假期到了，必须走了。他带着第一批成果——18本彩色电视胶片和几十个胶卷，告别了尧茂书。

此后的路只有尧茂书一个人去承受。孤独是难耐的，"最不能忍受的，是一个现代人孤身进入无人区所

长江源头沱沱河

遭受寂寞的痛苦，有时我简直要发疯。……上游气候恶劣多变，河道复杂。水浪、冰雹、雨雪交替打进舱内，我几乎整天泡在湿淋淋的水舱内划行。天黑露宿，头一件事就是晾被子和衣服。一遇到有人的地方，我最大愿望就是烤一烤火"。尧茂书遇到过泥石流爆发的惊险场面，曾以一把匕首与狼群面对面对峙。一次，他上岸拍摄，一头棕熊占据了橡皮筏，将筏上能吃的都吃了，不能吃的扔入江中。回到橡皮筏，哭笑不得的尧茂书只好饿肚子了。直到两天后，遇到游牧的藏民，买下糌粑和牛肉干才得以果腹。进入通天河后，江流开始咆哮起来。一个接一个峡谷，江水如万马奔腾。

7月6日，尧茂书写道："在船上选好角度，拍了照。只听前面水声大吼，吃惊不小。匆忙系好机子，躲也来不及，只见波浪排出倒海向我压来……我奋力划桨，越过浪峰，又陷进浪谷，一个几米高的飞浪对着船首劈来，我心想'坏了!'波浪涌进船舱里，将我一身打

长江漂流纪念馆

湿，舱中积满了水。我拼命划桨，全身神经集于一念：'翻过浪'。"终于，尧茂书战胜了激流，他称7月6日为最惊险的一天。7月15日，他漂经一处。当地藏民正进行祭神活动，突见江上漂来一个身穿红衣驾红舟的人，以为是活佛显灵，纷纷向他顶礼膜拜。尧茂书走下橡皮筏，被藏民簇拥至扎西寺。当寺中住持喇嘛听完尧茂书的叙述后，为他念了一卷消灾经，将他送回江边。

7月23日，漂完通天河的尧茂书经过短暂休整，开始了他漂流金沙江的历程。然而，这一天是尧茂书活在人世的最后一天。由于金沙江水大浪急，他触礁翻船，不幸身亡。

尧茂书的行动揭开了长江漂流的第一页，并掀起了一股漂流长江的热潮，也唤起了当代中国民间环境意识的觉醒。

征服绝顶篇

攀登阿尔卑斯山热

　　人们惯于以"阿尔卑斯"这个名称来涵盖欧洲腹地的大山，实际上，它是由好多个山脉支系组成的。瑞士登山探险家索修尔曾悬赏攀登最后又亲自去进行冒险的勃朗峰，是彭宁阿尔卑斯山的一座山峰。在彭宁阿尔卑斯山上，还坐落有马特荷伦峰（海拔 4478 米）、威斯荷伦峰（海拔 4505 米）等著名山峰。在彭宁阿尔卑斯山的北边与西边，还有培鲁尼兹阿尔卑斯山、雷朋登阿尔卑斯山、格拉鲁斯阿尔卑斯山……

　　在索修尔的影响下，登山活动渐渐成了当时欧洲的一项时尚。1811 年，瑞士境内的少女峰（海拔 4166 米）被一名叫龙汉美亚的富商所征服；1829 年，两位瑞士向导在培鲁尼兹阿尔卑斯山的最高峰芬斯特荷伦峰（海拔 4274 米）首次登顶；德国科学家爱多瓦鲁多·提索鲁登上了罗连荷伦峰（海拔 3690

阿尔卑斯山风景

米）；苏格兰的斯坦普佛·朗索鲁蒙则第一个爬上了米特鲁普伦峰（海拔3708米）……掀起了一股攀登阿尔卑斯山脉的热潮。登山热潮不但席卷了阿尔卑斯山所延伸到的国家，也开始影响一些没有高山的国家里的人们，比如英国人。

维多利亚时代的新时髦

在19世纪的上半叶，有一名叫詹姆斯·大卫·弗比斯的苏格兰科学家活跃在欧洲腹地的登山界中。弗比斯每登一座山，都要携带许多如气压计、温度计、偏光器、湿度计、测高计、经线仪这样的科研器材，用以测量地势与气象。他的这些研究不但对科学发展有很大贡献，而且也加深了人们对山的了解。

当时的英国，正处于维多利亚女皇执政的时代，浪漫主义的文学与绘画影响着人们，这其中就有许多描写山的作品。抒情的描写，使得人们常常处在对山的神往和遐思之中。

少年时代的阿鲁巴多·史密斯看了《夏摩尼的农夫们》一书之后，对遥远的勃朗峰萌生出无限向往。后来他有幸去了法国，当他亲眼见到勃朗峰之后，激动得热血沸腾。史密斯觉得：如果能参加一支登山队，即便是让他当搬运工人，也是人生中的一大幸事。几经周折，史密斯来到了夏摩尼。由于当时他孤身一人，无法作登山之行，只好抱憾而归。但是，他并没有就此打消登勃朗峰的念头。十多年以后，史密斯重游夏摩尼，同行人中还有一位富有的英国绅士。这位年轻的绅士原只是去度假旅游的，当他与史密斯交往之后，也对勃朗峰发生了兴趣，于是决定和史密斯一同去征服勃朗峰。年轻的绅士还慷慨许诺，在登山的日子里，由他给史密斯一份薪水。

尽管当时的勃朗峰已经被许多人征服过，但对于英国人来说，这还是第一次。为此，史密斯与年轻的绅士都为这次行动激动不已。当然，他们也知道，勃朗峰依旧潜伏着危险，1820年的一场大雪崩，就使3名优秀的登山家葬身。所以，史密斯对天气特别留心，坚持要等天晴再出发。

年轻的绅士手头很阔，竟然一下子雇用了36名向导和搬运工。但是史密斯和那位绅士对登山完全不内行，甚至在出发以后，他俩对登山绳的结法都还不熟练。好在起程后一直是好天气，加上有许多经验丰富的向导和搬运工，使他们通过很多危险地段，顺利地登上了顶峰。

勃朗峰

史密斯回到英国后，急切地想把登上勃朗峰的喜悦告诉自己的同胞。他在伦敦的比卡提里街旁，利用公共集会场所向公众作题为"登勃朗峰"的演讲，并且绘制了一张很大的图片，把登山途中发生的大小事情、危险、恐怖场面详细地描绘在图上，还向大家介绍法国人、瑞士人对于登山运动的那种狂热。史密斯的演讲，在相当大的程度上提高了英国人对登山的兴趣。

给英国人加入登山热潮以更直接、更强烈推动力的是阿尔弗雷德·威尔斯爵士。从前的登山，不外乎是为科学、冒险或者是一些浪漫的目的和感受，而威尔斯则用生动的文笔，将这些情绪的变化及主观的体验活生生地写了出来。因此，在他成功地登上维特荷伦峰之后，回到英国受到了人们英雄式的欢迎。

从现在来看，要攀登海拔 3703 米的维特荷伦峰并无多大的困难，但是，当时的威尔斯爵士却有着从山脚到山顶一环套一环的扣人心弦的经历。他在书中这样写道："……即将到达山脊顶部，最后一步将踏未踏时……左肩稍微碰触了冰壁的龟裂口。右方适才踏过的冰河，不见尽头地直延下方，我踏上这最后一步，就这一步，终于使我踏上了维特荷伦的顶端。也就是在那一刹那，山顶的景观整个地呈现在我眼前，一种笔墨所无法形容的感觉，突地袭上心头，我忘了自己的处境，我的心神均为之抖动不止。造物主所创造的瑰丽奇景，深深地打动了我的心，我无法抑制自己的冲动。我的身子仿佛不在地上，也不在天上，飘飘的，我在羽化登仙的境界里……"

威尔斯这本题为《遥远的阿尔卑斯山高地》的书，触动了许许多多维多利亚时代年轻人的心，获得了前所未有的好评。书中所宣示的是一种无偿的牺牲，是自我的最高锻炼，但并非是以生命与危险开玩笑。这需要无比的勇气，也会让人得到至高无上的荣誉和满足。

美丽的阿尔卑斯山

威尔斯的书出版以后，英国参加登山的人一时大增。他们纷纷涌向法国，涌向瑞士，涌向阿尔卑斯山。后来居上的英伦三岛，其人民对登山热潮的响应一时成为全社会性的时髦，参加登山运动，不断创造新记录，被看作是一种男人们获得荣誉的手段。

应运而生的权威组织——山岳协会

阿尔弗雷德·威尔斯爵士的书风靡了全英国，激起英国人狂热的登山热情。在当时欧洲登山家中，英国人占据了极大的比例。从1854年到1865年，这短短的10年里，西欧所有的山峰，尤其是属于阿尔卑斯山的群峰，已很少没有被人征服过的了。再想寻找一座处女峰，已不是一件容易办到的事。

这些登山活动，都是登山家们自发的各自活动，并没有人在幕后策划和指挥。他们在登山的过程中，领略了刺激和惊险，感受到与自然抗衡的巨大满足。

来自英国的登山家们，在攀登活动中表现出了超人的勇气和优异的决断力。他们对登山的热情，令国内外人们赞叹不已。登山活动已成为英国人的一项重要运动，甚至还是许多登山家的人生目的。

英国登山家们不断尝试攀登难度大的山，登山技术日益提高。他们不但有了独特的登山方式、专门用语、联络方式等，而且更加注重装备的更新。这些特色使得登山运动渐渐变成了竞技体育的内容，从而使登山变得更刺激、更具有竞争性。这些英国式的东西以后逐步推广到了别国，为世界登山界所普遍采用。

到了 1857 年，英国伦敦已成为一个登山家会聚的地方。这一年，登山家们在伦敦汇集到一起，成立了世界上第一个登山组织——山岳协会。

成立山岳协会的初衷原是为了联络同行，使登山家们能相互交流登山经验和心得体会。人们没有料到的是，山岳协会很快得到了全社会的承认，成为有广泛群众基础的一个社会团体。山岳协会在处理各种具体登山事务，解决纠纷，保持记录，尝试新的登山用具，承认和确立新的登山成绩，规划新的登山线路，提供登山气象服务等方面发挥出越来越大的职能，实际上已经确立了它在登山界的组织领导地位。山岳协会还定期出版登山杂志，刊登登山的消息，发表登山家的登山经验和体会。

英国山岳协会成立 5 年后，1862 年，奥地利登山家们也成立了一个与山岳协会性质相同的俱乐部。1863 年，索修尔的祖国瑞士也成立了山岳协会。以后，各国的山岳协会纷纷创办起来，登山从此成为一项有组织的人类竞技活动。

阿尔卑斯山雪峰之巅

登山者们纷纷加入山岳协会。他们志同道合，互相激励，互相促进，创造出越来越多的好成绩。因此，在这一时期产生了许多著名的登山家，其中成绩最为突出的是英国登山家弗朗西斯·霍兹可斯·泰德兹。泰德兹既是登山家，又是教友派的业余科学家。在 1856 年到 1874 年的 18 年间，他一共攀登上 160 座山峰，涉足的山有 370 座。此外，还有约翰·廷德尔，他在 1861 年竟独自一人登上了海拔 4505 米的威斯荷伦峰和海拔 4638 米的杜富尔峰。

值得一提的还有雷斯里·史蒂芬爵士。史蒂芬是个典型的英国多面手，他既是哲学家、科学家、作家，又是一位杰出的登山家。他一生征服的众多山峰中，有著名的几纳鲁罗荷伦峰、休雷克荷伦峰、比奇荷伦峰和蒙马雷峰等，他所著的《漫游欧洲》一书不但在当时的登山界产生巨大影响，而且至今依然受到读者的欢迎。史蒂芬爵士是英国山岳协会的发起人与创办者之一。他的社会地位与学者身份，使他成为英国登山家中的杰出代表。

笑傲贡嘎雪山之巅

1957 年，中华全国总工会登山队，以著名高峰四川省大雪山脉的最高点贡嘎山为攀登目标，进行了第一次完全由中国人组织的登山活动。

贡嘎山，海拔 7590 米，由于它凌驾于近 20 多座海拔 6000 米以上的山峰之上，气势特别的雄伟，被称为"山中之王"。在攀登史上，它曾被许多人误认为是世界第一高峰。

"贡嘎"由藏语的译音而来，意思是"白色的雪"。它位于四川省康定和泸定两县境内，雪线高度平均为 5000 米。它周围冰川林立，是世界著名的冰川区域之一。

贡嘎山地区的气候分布非常有趣，在海拔 2000 米以下，是亚热带，2000～2500 米是温带，3000～4000 米是寒温带，4000～5000 米是亚寒带，5000 米以上则是寒带。这种异常典型的垂直状气候分布，也带来了山区植物的带状分布。所以，它还有丰富的动植物资源。

贡嘎雪山山脚下

中国是个地大物博的国家，登山运动如果能很好地为国民经济建设服务，其前景将无可估量。因此，这一次的贡嘎山探险，登山队还特地邀请了北京大学等单位的有关科学工作者参加。在登山的同时。科学工作者对贡嘎山区的气候、冰川、地质，地貌和高山生理等进行了考察研究。

1957年5月，一个炎热的天气，在一座海拔3700米的贡嘎喇嘛寺里，一片愉快的歌声与经堂里传出的钟鼓声交织在一起，洋溢着一种奇特的气氛。以史占春为首的一支中国登山队，就在这千年古庙里安下了大本营。突击开始之前，副队长许竞带领一支由6个队员组成的侦察队，先去侦察登顶的路线。

那天清晨，天气晴朗，贡嘎山崇高的山尖在天边透露出来，衬托着蔚蓝的天空，愈加显得宏伟。侦察队员们带着中国自己制造的登山装备与食品，沿着起伏不平的冰碛石堆，跨越着山间的激流。这里是一条长达10多千米的溪谷，是贡嘎山的冰川溶化而下的水流汇成的。

关于这条溪谷，在藏族人中流传着一个神奇的故事：很久以前，贡嘎山神多吉鲁杵的女儿玉芝玛的奶牛在山上吃草。有一猎人误认这牛为一头鹿，用枪将牛打死。他吃了牛肉，并将牛头挂在家门口。玉芝玛满山唤牛，牛头应声而答。玉芝玛见牛已被宰杀，怒火万丈，当即用轰天雷将猎人全家击杀。她归来后仍余怒未消，就将奶桶倒翻在山顶上，奶汁变为急流源源而下。贡嘎寺格达将军怕急流淹了寺庙，就用神锤在水头上打了一下，水即在寺边告止。

在溪谷的左右侧和贡嘎山相连处有两条雪山脊，形如两条巨臂。雪线以下，分布着无边无际的原始青柄林、红松林和绿茵茵的草地。这里开遍了五彩缤纷的野花，隐藏着虎、豹、熊、野牛、狐狸、鹿、獐子、盘羊等异兽，还有马鸡、松鸡和一些不知名的珍禽。西藏的经典读物中曾有一段赞词是这样写的："世界上没有比木雅贡嘎更美丽的地方，居士们在家静坐10年，不如在此山中小住一宵，到此焚香一烧，胜过平日千百次祈祷。"

侦察队员们出发时，当地的藏民告诉他们，在这个"山中之王"的山顶上，有一根黄金制成的神奇魔棒，他们希望勇敢的登山者能把这根魔棒取来。侦察队按照正规的行军速度前进着，4个小时之后，在山脚下的一块平地上选定了一号营地的设置点。这里，海拔4300米。

这一天，他们一直走到冰碛石区的末端，高度计指针所标出的海拔高度是4700米，从这里再向上500米，即是早年瑞士登山家哈姆带来的考察队所到达的最高点。许竞指挥侦察队的队员在这里建立起二号营地。第二天，一他们将跨过雪线，踏上真正的高山路途。每一个队员的心里都明白，他们必须储备起足够的体力，以应付即将到来的一切考验。

高山上的气候变化无常，那天正午还是万里晴空，火辣辣的太阳烤得地皮翻卷，人眼睛发痛，头脑发昏，而到了晚上，骤然间山尖被黑云吞没，雷电在离帐篷不远的上空不停地轰鸣。一夜的暴风雪使得贡嘎山变化万千，被冰雪侵蚀而风化的岩石和雪崩搅和在一起，

贡嘎雪山风光

滚动而下，一时，山崩地裂，震天动地。

翌日清晨，风雪已停，浮云像一条玉带环绕山间。侦察队选定了一道通往山脊的岩石坡，垂直高度有 500 米左右。这条岩石坡的表面已经严重地风化，陡峭而松软的岩石稍受震动，就会变成滚滚的落石。队员们为了避免被滚石砸伤，分路向岩石坡顶部攀登。他们每个人都背着相当于自己体重一半分量的重负，在移动中艰难地寻找着支撑点，每一步都充满了危险，稍有闪失就会失掉重心，而发生滚坠。

就这样，500 米的岩石坡他们竟爬了十几个小时。当他们到达山脊顶部时，却发现这里是条绝路，四周都是悬崖峭壁。这时，天色已晚，乌云密集，紧接着，暴风雪又来了。

侦察队一时进退不得，连搭个帐篷的可能都没有了。6 个人只得挤在一块不到 2 平方米的岩石顶上，经受着风雪的袭击。"大家要互相提醒，在这地方是绝对不可以睡着的。"队员刘大义警告同伴们说。

风雪越来越大，积雪湿透了侦察队员们的衣裳。这一夜，他们差点儿都被冻死。

第一次侦察遇阻后，队部决定由队长史占春带领另外 7 名队员做第二次

路线侦察。他们沿一条新的路线——北边的岩石坡和南边的一个雪槽向山脊进军。

出发的时候，天气酷热，队员们面孔都被晒脱了皮，只有留大胡子的人稍占了一些便宜。极度的干渴迫使队员们不得不违反登山运动的禁规，用冰雪解渴（冰雪可能染起喉炎，增加登山者在高山上的呼吸困难）。侦察队一直来到海拔5200米的地方，雪地反射的阳光照射得他们全身像烤焦了似的难受。他们在软化了的积雪上十分缓慢地前进着，为了避免滑倒坠崖的危险，他们不时地要用冰镐敲打掉粘满鞋底的雪。

这一段都是70度以上的陡坡，每前进一步都得刨出踏脚处，然后用四肢爬行。雪山上经常碰到铺满浮雪下边隐藏着无数裂缝和窟窿的冰瀑区，在前边开路的人必须十分小心地用冰镐探索雪地的情况。

突然，队员师秀感到胸前的绳索猛地拉紧，险些把他拉倒，定睛一看，前边开

贡嘎雪山燕子沟

路的刘连满不见了。白茫茫的地面上，乌黑的窟窿和迅速下沉的绳索表明刘连满坠落到冰窟窿里了。师秀与刘大义费了九牛二虎之力才将刘连满拉上来。事后刘连满说，这个窟窿底下有层层的裂缝和成千成万的冰锥和冰柱构成的冰刀山，深度难测，若没有同伴的及时相救，他肯定是完了。

这一天，史占春率领的侦察队升高到了海拔5400米的地方。黄昏时分，史占春下令在一个靠近雪檐的冰丘上宿营。大家累极了，渴望能得到一次甜睡。但是，无情的贡嘎山又用强劲的山风卷起冰粒，把帐篷"轰炸"得如雷鸣般的响。大家担心帐篷会被风刮走，就用身体压住帐篷的四角。就这样，队员们在这危机四伏的帐篷里过了一夜，有的队员竟睡着了，居然还打起了呼噜。

第二天天气又变坏了，登山队员们遇到了从未见过的雷电现象。当时，人在云层中，天阴降雨，雷电交加。起先，他们只是感到头发在啪啪作响；继而，头发像受到什么东西的吸引不由自主地上下摆动起来。这时有的队员发现同伴的头发外圈和眼睛都冒着电光，一闪一闪，甚至一眨眼，一动手，一抬腿都有闪光。背包上的金属物，发出了恐怖的蓝光。大家立即把金属物全扔在一边，搭起帐篷赶快钻进去，总算躲过了危险。

经过两条冰裂缝和积雪很深的雪桥后，他们到达了海拔 6000 米的山脊。在山脊上，侦察队员们又度过了风雪肆虐的两天。在第二个风雪夜里，他们的帐篷全部被埋在了深深的积雪里。他们穿着单薄的衣服，冒着 -20℃ 寒冷，连续挖了十几个小时，才挖出了自己的帐篷和衣服。

这一次侦察，队员们历尽了艰险，然而却为大队找到了一条通往主峰的路线。

就在第二支侦察队与暴风雪搏斗的时候，正在进行高山适应性攀登的大队遇上了一场雪崩。

在贡嘎山附近居住的藏民，在夏日的早晨或黄昏，常常会听到山沟里传来巨大的轰鸣声，那就是雪崩的声音。大雪崩常常是数万吨的冰雪从悬崖上倾泻而下。这种雪崩有极大的摧毁力，这里的人们，经常能看到由雪崩摧毁的大树和由雪崩"搬运"来的山丘。

贡嘎雪山风光

5 月 28 日，当 13 名队员行进到海拔 5000 余米的一个雪槽边上的时候，一次中型雪崩发生了。"雪崩！"副队长许竞刚刚发出这两个字，一股气浪，随着潮水似的几百吨冰雪，带着巨大的轰鸣倾泻下来。队员们躲闪不及，一下子都被冰雪冲倒了。他们与冰雪一起滚落下去。雪崩在一个缓坡上停住了，13 名队员全部被埋在冰雪的下面。埋得浅一些的队员挣扎着爬了出来，立即去解救埋在深处的伙伴。全部人员被挖了出来，但是，埋得最深的队员丁行友，却永远停止了呼吸。丁行友，这位北京大学气象专业的助教，成了我国登山事业和高山气象研究事业的第一个牺牲者。

然而，悲惨的山难事件和凶恶的贡嘎山没有吓倒新中国的登山家们。全队在突击主峰之前，举行了誓师大会。全体队员面对贡嘎山的主峰庄严地宣誓："为了祖国的荣誉，我们一定要胜利地登上贡嘎山的主峰！"

6月4日，17名队员打点了行装正式向主峰进发。6月10日，他们到达了海拔6000米的山脊。这里，大气压比平地降低了50%以上，氧气稀薄，呼吸越来越困难，然而，要到达顶峰，至少还有4天的路程。

雪脊如刀刃般的陡峭，每一步都存在着危机，每走一步都是在冒险。前进中，有的队员失足滚下数百米的冰坡，遗失了高山装备，还有的则因严重的高山病而躺倒了。队长史占春只得留下部分队员来照顾这些伤病者，这样，能继续前进的只剩下师秀、刘连满、刘大义、彭仲穆、国德存和史占春自己6个人了。

他们6个人爬到了海拔6250米的被称为骆驼背的冰坡上，凭着非凡的勇气，硬是用80米长的绳索，下到超过100米的垂直山崖下。

6月11日下午，他们攀登上海拔6600米高处，建立了第六号高山营地。随后，一连两天都是暴风雪，他们的食品快吃光了，只剩下20来块水果糖和一把花生米。

在这样困难的条件下，6名中国登山英雄没有退缩，没有丧失征服山顶的信心。他们在饥饿的煎熬中又前进了100多米，在一道坡度超过70度的冰壁面前，设立了七号营地。

12日夜晚，每个人都未曾合眼。队员国德存掏出少先队员委托他带上顶峰的红

贡嘎雪山顶峰

123

领巾看了又看，他深情地说："不把这红领巾带上峰顶，我怎么好意思回去见他们啊！"

13日凌晨1时，风停雾散，星斗满天。队员们在皎洁的月光下清晰地看到了通向主峰的道路，他们兴奋得叫了起来。

最后的冲锋开始了，出发前，每人只吃了一块糖和一点点人参，作为能量补充。午夜3时，6个人带着国旗、高度计、温度计、宇宙线测量器、摄影机等向顶峰攀去。

6月13日下午1时30分，史占春、刘连满、师秀、国德存、彭仲穆和刘大义6人终于登上了贡嘎山顶峰。这些英勇的汉子们忘掉了连日来的饥饿与疲劳，在寒风中紧紧拥抱在一起。然后，他们默默地排好队，在云雾中升起了庄严的五星红旗。国德存的眼睛里闪着泪花，他把那条红领巾郑重地系在国旗下的冰镐上。

然而，中国登山健儿为了夺取这次胜利，也付出了极其沉重的代价。除了在雪崩中牺牲的丁行友之外，师秀、国德存和彭仲穆三位勇士，在下山时，不幸滑倒，坠入了万丈深谷。——他们为中国的登山事业献出了宝贵的生命。

■ 征服世界最高峰

19世纪中叶，印度、英国的侦察人员对喜马拉雅山脉和喀喇昆仑山脉加紧了研究工作，因为这两条山脉的外面是亚洲的中心地区，英国人早就对这个地区垂涎三尺了。

一些专门进行登山探险的地形测量学家也参加了由军事侦察人员所领导的喜马拉雅山探险队，前者对喜马拉雅山脉和喀喇昆仑山脉的不同的高峰进行了数十次攀登尝试，并成功地登上了几座高峰，其中包括对位于尼泊尔和西藏边境的第15峰（北纬28度）的攀登。1856年，对这些高峰的资料研究工作暂告一段落，研究结果表明，这里有一系列高达七八千米的高峰，在这些高峰中第15峰是世界最高峰——珠穆朗玛峰，高约8840米（根据最新资料，该峰的高度为8844米）。1858年，印度测量局局长恩德留·旺在英国人的把持下，擅自以该局前任局长乔治·额菲尔士（1830～1843 年在印度任职）的名字命名了这座高峰，并错误地把珠穆朗玛峰与高里桑加尔峰混在一起（后一座高蜂为 7144 米）。1913 年的调查资料证明，英国人所确定的额菲尔士峰在珠穆朗玛峰以东约 60 千米的地方。

珠穆朗玛峰是世界第一高峰，被誉为地球第三极，海拔 8844 米。珠峰地处中国和尼泊尔边界东段，北坡在我国西藏境内，南坡在尼泊尔境内。藏语"珠穆"是女神之意，"朗玛"是第三的意思，因珠峰附近还有四座山峰，珠峰位居第三，"珠穆朗玛"意为第三女神。

珠穆朗玛峰

被誉为女神的珠穆朗玛峰呈巨型金字塔状，威武雄伟，昂首天外，纵览世界。从 18 世纪开始，便陆续有一些探险家和登山队前往珠峰探测奥秘，希望登上地球之巅。经过近 30 年的努力，1953 年 5 月 29 日，由英国人组织的登山队，才从位于尼泊尔一侧的南坡登上峰顶。

早 19 世纪下半叶，在喜马拉雅山进行活动的有 20 多个探险队，它们的目的是对这个山系进行全面的探察，并攀登这里的高峰。到了 20 世纪上半叶，活动在这里的探险队数目猛增到 80 多个，其中大部分是英国的探险队。这些探险队大都负有军事侦察任务（调查前苏联与中国的高山边境地区，北自中国的西藏，南自印度和尼泊尔）。

当时尼泊尔禁止外国人进入，所以对珠穆朗玛蜂"突击"的全部尝试活动都是从北部的西藏开始的。19 世纪里，没有一个探险队能够攀登到 8000 米的高度，到 20 世纪，一个英国探险队于 1922 年首次登上 8326 米的高度，然而在这次攀登过程中，西藏夏尔巴族的 7 个搬运夫和向导全部死于一次雪崩中。1924 年，英国人诺尔顿登上了 8572 米的高度，但是诺尔顿探险队的两个队员——米洛利和埃尔文却死于同一路线上的同一高度。

从 1950 年开始，尼泊尔政府允许外国人自由出入，于是从南坡，即从尼泊尔境内攀登珠穆朗玛峰的活动开始了。1951～1952 年，一支英国探险队在攀登珠穆朗玛峰的战斗中取得了显著的成就。这支探险队的领导人是埃利克·什普顿，新西兰著名的登山家爱德华·希拉里参加了这个探险队的攀登活动。1952 年，一支由法国和瑞士组成的探险队登上了更高的高度——登上了 8600 米的高度。这支探险队的领导人是莱蒙·拉姆贝尔和夏尔巴人滕辛格，后者是一个富有经验的登山家，外号为"雪虎"，他从 1935 年起多次担任过不同的登山探险队的搬运夫和向导。这次攀登的实践证明，从南坡攀登珠穆朗玛峰比从北坡容易得多，即使行进 8500 米的高度时人们也无需携氧。瑞士人在解释他们能取得这样成就的原因时说：一方面是夏尔巴人密切的合作和帮助，另一方面是"对喜马拉雅山脉的探察日益增多，每个探险队都是踏着先行者的肩上前进的"。他们对夏尔巴人"以朋友相待，而不是像仆人一样使用"。滕辛格后来在他所写的一本书里强调说："瑞士人和法国人对夏尔巴人完全平等相待，在食品分配和服装装备等方面一律平等，毫无差别。他们与英国人完全不一样。"次年，即 1953 年，约翰·汉特领导的一支英国探险队在法国—瑞士探险队攀登的基础上开始征服珠穆朗玛峰，他们取得了首次登上这个高峰顶端的辉煌胜利。滕辛格在这次登顶活动中发挥了极为重要的作用，这是滕辛格第 12 次攀登珠穆朗玛峰之行。

1953 年，这支英国探险队把主要基地设在 7900 米的山坡上，同年 5 月，向这个基地运送了食品和装备。5 月 25 日，第一组两个登山队员（托姆·布尔迪里耶和查尔斯·埃万斯）登到 8748 米的高度时已经精疲力尽了，他们被迫撤退下来，把氧气袋丢在那里。5 月 28 日，以汉特为首的 5 个队员登到 8500 米的高度，然后在这个高度的山坡上留驻了一夜。5 月 29 日早晨 6 时 30 分，滕辛格和希拉里开始向珠穆朗玛峰的顶端冲刺，11 时 30 分，他们终于首次登上了地球的最高点。

此后的几年内又有不少登山者登上了珠峰，一个攀登珠峰的"黄金时代"来临。

1958 年，前苏联 100 名功勋运动员联名写信给中苏双方最高领导人，要求两国联合组队，向珠峰挑战。中苏两国很快就达成了协议，并定于1959 年攀登珠峰。协议达成后，中国组成了登山集训队，两国运动员开始了联合训练，并对攀登珠峰的线路进行了前期的勘察。1959 年，万事俱备只欠东风的时候，由于两国关系的恶化，前苏联撕毁合作登山的协议。1959年严冬，当时主管体育的贺龙副总理向登山队长史占春发出了号令：人家不来了，我们单独登！

1960 年 3 月 19 日，中国登山队拉开了首次攀登珠穆朗玛峰的序幕。中国参加登山活动只有 5 年的时间，队员主要由工人、解放军战士、西藏牧民、科研工作者和大学生组成。他们选择从北坡登顶，是一条从未有人成功攀登过的路线。国外的登山家称珠峰北坡是"不可攀登的路线"、"死亡的路线"。

经过两个月的艰苦努力，克服了重重困难，中国登山运动员王富洲、屈银华和贡布，终于在 1960

王富洲、屈银华和贡布

年 5 月 25 日 4 时 20 分成功地登上了珠穆朗玛峰的峰顶。他们在峰顶留下了一面五星红旗和一尊毛泽东主席的石膏像，也留下了中国人首次登上珠穆朗玛峰的足迹。新中国成立后，《人民日报》发过两次号外，一次是原子弹爆炸成功，另一次就是珠峰登顶。在极为困难的年代，中国运动员攀上珠穆朗玛峰，为人类登顶开辟了一条北坡路线，极大地振奋了中国人民的精神，大长了中华民族的志气。

1975 年，中国登山队再次攀登珠峰。这次一共有 9 名运动员成功登顶，刷新了一项一次登顶人数最多的纪录，女队员潘多也成为第一位从北坡登上珠峰的女性。中国地质测量队也是在这次经过与登顶运动员的协作，精确地测定当时珠穆朗玛峰的高度为 8848.13 米，并完成了一系列科考活动，震惊了世界。

这之后，中国登山队于 1988 年与日本和尼泊尔组成了三国联合登山队，实现了在珠峰顶峰会师和南上北下、北上南下大跨越；1993 年海峡两岸联合攀登珠峰成功；1998 年中美联合登山队再次登上地球之巅；1990 年中美苏三国联合登顶成功……在攀登珠穆朗玛峰的历史上，中国登山运动员创下了许多第一的纪录。迄今为止，我国登山健儿已经 14 次登临珠峰之巅，有 61 人次在珠穆朗玛峰顶留下了足迹。

只身登上珠穆朗玛峰

意大利的莱因霍尔德·梅斯纳凭借个人之力孤身登上世界最高峰珠穆朗玛峰，创造了世界冒险史上的奇迹，作为一个富有传奇色彩的英雄，他的壮举和英名将永远铭刻在人们心中。以下是他自己写的登顶时的日记：

当晨曦照亮珠穆朗玛的时候，我能够辨认出沿着东北山脊的每一个起伏不平的山峦。乔治·马洛里和安德鲁·欧文在 1924 年作勇敢的攀登顶峰的努力时就是在这里遇难的。

现在，我正沿着他们的路线，朝着这座山峰进发。但是我是独自一个人。没有搬运工，没有登山伙伴，也没有氧气瓶，更没有无线电设备。我试图完全靠我自己攀登这座地球上最高的山峰。

7 月中旬，我的朋友、加拿大的一名登山运动员和记者尼娜·霍尔金和我一起登上了 6500 米的高度，并在那里设立了大本营。1980 年 8 月 18 日这天清晨 5 时，天还

莱因霍尔德·梅斯纳

没亮，我从这里出发开始进行我的最大的冒险。

几分钟后，这次攀登几乎就以大难临头而告终。我正走过冰隙上的一座雪桥，桥突然垮了，碎成了粉末和冰块。

我跌下去了。当我在冰隙壁上撞来撞去时，我觉得好像是慢慢地掉进了一个无底深渊。过了一会儿，下坠突然停住了。我的头灯不再发亮。我的周围一片漆黑。"天哪！也许我将死在这里！"

我通过一个不到一棵树干那么宽的缝隙往上瞧，瞥见了星星在顶上闪闪发光。要是我带来了话机，我就可以向尼娜呼叫。她就会带一根绳子爬上来帮助我。

我摸了摸头灯。它突然又亮了起来，照得冰隙的壁上发出蓝绿色的光。截住我的雪台面积不到一米见方。我尝试着用灯照照脚下黑黝黝的空间。看来那里像是个无底洞，我开始强烈地意识到，如果这个雪台在我的重压了塌下去，我就会猛跌进那个深渊里。已经来不及从帆布背包里取出冰爪来绑在靴子上了。

求生的本能显露出来了。我迅速地寻找逃离这个冰牢的办法。沿着冰隙壁往上，又一个又陡又窄的斜坡。我一手拿着破冰斧，一手拿在滑雪杖，开始爬这个斜坡。我小心地使身体保持平衡，在冰上一步一步地蹬着往上爬，一直爬到冰隙口时，我仍然是在下坡的这一侧。

在明亮、清新的晨光下，我又回到了 10 分钟前我开始跌落时所在的地方。原先的雪桥是越过这个冰隙的最好地点。这个冰隙把北坳下的这个 300 米高的冰壁斜劈成两半。

这次只身探险，我既没带铝梯，也没带绳索。我唯一的登山器具是滑雪杖和一把破冰斧，加上一个冰螺钉和一个有眼岩钉。带这两个钉是为了万一遇到猛烈的风暴，可以用它们来固定帐篷以至我的身体。

在冰隙的那边，雪堆成了一个峭壁。我把滑雪杖扎入这个峭壁的高处作为支撑物，借助它，我身体一摆就越过去了。

当我向上攀登剩下的 50 米时，旭日的光辉已照射到北坳的山顶。向东极目望去，我可以看见巍峨的干城章嘉峰（位于尼泊尔和锡金边界处，是世界第三高峰）在一片白天之间耸出，气象万千！我看了一下手表，时间正好是早晨 7 点。在离开尼娜和我们的营地仅仅 2 小时后,我就站在这里的山脊上了。尽管我掉进了冰隙,我还是打破了马洛里走这段路所创造的纪录。

上午 9 点左右,高度计指在 7360 米上。在我从北山脊较低处的山梁往上爬时,我心想:"要抓紧时间。"我不时地奋力穿过一个个被风吹得积成的齐踝深的小雪堆。雪花在头顶飞舞,阵阵狂风开始消耗我的精力。

在 7500 米处,我感到自己的步伐大大缓慢下来了。我自言自语地说,我一定不能弄得精疲力竭。以后两天我还要艰难得多呢。

我顺着山脊的最安全路线向上攀登时发现了一截红绳子,在一块大岩石附近的雪堆里露出来有 1 米长。这条绳子很新,无疑是日本人在 1980 年登山时留下的。他们在通常的大登山队活动的情况下,会在两个营地之间的陡峭通道上拉起绳子,确保安全而迅速地上下。

这次我采用的方法大不相同。一个单独的登山运动员要独自对付喜马拉雅高峰等自然条件,他就像蜗牛一样。他的背上背着他的家,缓慢地但却稳步地往上攀登。没有接替人员,没有人向上输送供应品;没有人在越来越高处搭建一系列营地;没有突击顶峰的小分队在为最后的冲刺作准备。

我需要的一切东西——帐篷、睡袋、火炉、燃料、食物、登山准备——都必须背在背上。我必须支起帐篷睡觉,第二天起后又得把它卷起来随身带着。我不带氧气,因为供氧装置太重了,同时我自己的理论也排除使用这种装置。我想体验一下这座山的真实情况,想了解一下我的身体和精神对山上的自然条件产生怎样的反应。

在我的 15 千克重的帆布背

莱因霍尔德·梅斯纳在攀登中

包的重压下，我现在感到呼吸困难。每走十几步，就得停下，感到透不过气来，我的脑子轻飘飘的。每两次歇息的间隔时间越来越短了。我想坐下，但随后就感到几乎再也站不起来了。我一步一步地奋力前进，直至到达7800米处。

我发现了一个合意的地方，就把雪踩平，直到把表面踩结实为止。露营的这个准备工作搞得我精疲力竭。我没有力气支帐篷了。我坐下来，卸下我的帆布背包，俯视当天早晨5点钟我离开的那个营地。我看得见一个小红点。

甚至在这个高度上，热引起的问题比冷引起的问题还要多。现在太阳却把我晒得很厉害，我的嗓子干燥、火辣辣的。我记得带了一小瓶日本草药油，我滴了两滴在舌头上，嗓子干燥立刻减轻了一些，但只维持了短暂的时间。这种草药油、阿斯匹林和几片安眠药是我携带的仅有药物。

我的帐篷是能够承受得住时速100千米的大风的。我难以把它搭起来。风速大概有80千米，不断地把它吹得鼓鼓的。最后我用滑雪杖、破冰斧和岩钉才把帐篷支牢固，在地上铺了一指厚的聚氨酯垫子，然后钻了进去。

这顶帐篷小得刚够我蜷着身子睡。我一边躺着一边听风呼啸声。我本应做点东西吃，但我没力气做，虽然我从早晨就没有吃过一点东西。

我往嘴里塞肉干、奶酪和面包。仅仅这些小的动作也耗费了我很大的精力。我对自己说："我一定要做点吃的。"我一天至少要喝4升水，如果脱水，可能致命。我把帐篷门帘掀开一线缝，用水壶盖取了一些雪。在这一瞬间，我的汽油炉的火被吹灭了。我重新点起火，一边想："今晚会很糟。"

很难想象在这样高的地方弄1升水需要用多少雪、多少时间和精力。我就这样躺着一点一点勉强地往水壶里填雪。

烧完水，我就和衣躺在睡袋里，昏昏沉沉地睡着了。

8月19日光照进我的帐篷。今天天气很好。我知道，我必须在第二天到达山顶。

开始50米，我走得很慢。随后我又恢复了我迈步的节奏。在早晨清新的空气中，我感到精神焕发。不久，当我接近北山脊那较陡的斜坡时，我花了一个小时来穿过齐膝的深雪。

我知道，如果我要踏过这深雪去攀登的话，那么我将不得不放弃我的登顶打算。因此，我寻找另一条路线。在我右边是北坡的大片雪区，新雪被吹走了，雪面也许是硬的，这是我唯一的机会。我开始一步一步地爬行，横穿过那长长的地段，向大峡谷走去。

到下午3时，我距离大峡谷还有200米左右。我对我的进展速度感到沮丧。

1小时后，我竭尽全力在一块冰雪覆盖的岩石边缘支起了帐篷。我想在那里给自己拍照。但是我没有力气把摄影机固定在冰斧上，然后再去拨动自拍装置，退后10步，等候那咔嚓的一声。

我躺在帐篷里，依然穿着我的笨大的双层塑料靴。由于出汗，靴子里很潮湿。如果脱掉的话，靴子可能结冰。我不敢粗心大意。我量了量脉搏，脉搏跳得很快，1分钟100多次。

如果到天明早晨雾还不散的话，我该怎么办呢？是否要等呢？不，等是没有什么意义的。明天，我要么继续前进，要么就下山，没有其他选择。

8月20日清晨，天气晴朗，但是有几块云在迫近。我把冰爪绑在靴子上，把摄影机扛在肩上，一只手里拿着破冰斧。其他东西都留在帐篷里。穿越那个大峡谷要消耗许多体力，但在技术上并不太困难。松软的雪使我放慢了速度。我用手和膝爬行，就像一只四条腿的动物一样，缓慢而迟钝，一面黑色的岩壁挡住了去路。我向右拐了一个小弯，终于通过了这道障碍。

现在我就站在峰顶下面了。雾很大，我几乎不能辨认方向。以后的3个小时我只是本能地攀登，而不是自觉有意识地攀登。有一小会儿云块散开了，我匆匆地瞥见了蓝天下的顶峰。

突然，我看见了那个铝制的觇标。1975年，中国人把它安放在最高点，以便进行精确的测量。

我坐在觇标那儿，像石头一样。我是付出了最后的全部力量才走到那里的。此时，我没有任何感觉。我需要照几张相。照每一张相都需要花巨大的力气。天公只给我机会短暂地看到几块蓝天。随后云块再次迫近，打旋，就像整个地球都在翻滚。这是我第二次站在地球的最高点。

飞向太空篇

太空旅行第一人

地球是人类的摇篮。在这摇篮里,人们自由地呼吸着空气,享受着阳光和雨露的滋润。情侣们在晚霞的映照下,沿着海边的沙滩漫步,孩子们在泛着微波的湖面上荡舟、欢唱……

然而在太空中,人们面对的则是一个完全不同的世界。在那里没有重量,没有空气,当然也缺少大气压力。温差的高低变化急剧而巨大,远远超过人所能承受的极限。在这样恶劣的环境中,如果没有妥善的防护措施,人在太空一分钟也无法生存。因为人体内的气体会急剧膨胀,体液迅速沸腾,氧气从肺、血液和组织中大量跑出来,使人立即死亡。所以,载人宇宙飞行比单纯发射人造卫星要困难得多。

但是,对于那些立志征服太空、探索宇宙奥秘的勇士们来说,太空既是一个死亡的世界,又是一个充满神奇和令人向往的世界。他们要向太空挑战,向人体的极限挑战。第一个站出来发起挑战的勇士是前苏联宇航员尤里·加加林。

加加林出生在前苏联一个普通乡村木匠的家庭里。小时候他常和小伙伴们一起围坐在干草堆旁,望着夏夜的星空,听长辈讲关于星星的故事。他对天空中闪烁的星星感到无比的好奇。

"星星上面有人住吗?"他问妈妈。"唔,大概有人吧。"妈妈推测道。

"那么，那里的人长得怎么样？和我们一样吗？"妈妈和别的大人当然都不能回答他的问题。

"我长大了要到星星上去看看。"幼小的加加林怀着一个美好的愿望。

可是美好的愿望不久被战争的阴影所笼罩。第二次世界大战爆发了，他的家乡被德国军队占领。加加林和别的孩子一样，心中充满着对侵略者的仇恨。那时，他只想着当一名英勇的飞行员，驾着战机去打击侵略者。

16 岁那年，他报名参加了萨拉托夫航空俱乐部，经过文化知识和体能测验，他被录取了。

太空旅行第一人加加林

从秃山的绿色飞机场起飞，加加林第一次离开了地面。从天空中所看到的，完全是一种全新的景象：云海在机翼下翻腾，伏尔加河变成了闪亮的小溪……他知道，从此他再也不能离开飞行，离开天空。天空和飞行成了他生命的全部内容。

加加林以优异的成绩毕业于萨拉托夫航空俱乐部，并许可前往澳伦堡空军学校。当时，学校配备了一批威力巨大的新式喷气式战斗机。喷气机以吼叫的火流燎烤着地面，带着加加林飞向草原的上空，一瞬间就爬上很高的高度。加加林为这种速度和高度而振奋和激动。

当前苏联成功地发射了世界上第一颗人造地球卫星的消息传遍四方的时候，加加林却默默地陷入了沉思。

这天晚上，加加林久久不能入睡。他在练习本上按着想象画出了一幅宇宙飞船的素描。他还在日记中写道：我感到了一种强烈的渴望和苦恼，那就是飞向太空的渴望……

1959 年夏天，根据前苏联主持载人航天计划的总设计师科罗廖夫的建议，苏联决定在空军飞行员中征召第一批宇航员。当加加林得知这一消息后，便向空军指挥部递交了申请报告："为了发展苏联宇宙研究事业，需要人进行飞向宇宙的科学试飞。请考虑我的迫切愿望，如有可能，派我去做专职准备工作。"

加加林的申请被批准了，他成为第一批 6 名宇航员中的一个。宇航员是光荣的，然而也是艰辛的。他面临着新的考验，一种前所未有的，向人体潜能的挑战。由于太空中的环境十分恶劣，这就要求宇航员有非凡的耐热能力和顽强的意志。

1960 年的一天，加加林满怀信心地走进宇航员训练中心的高温试验室。试验室的四周墙壁的温度在渐渐上升。起初，室内的热空气使人感到温暖，但是 10 分钟以后，随着室温的增高，加加林的脸上开始渗出汗水，他不停地用毛巾揩汗，但豆大的汗珠仍不住地往下淌。温度在继续升高，室内已变得炎热难忍，耳朵被炙得十分疼痛。忍耐，忍耐，加加林暗暗地告诫自己。他用最顽强的毅力忍耐着这一切。

血液在太阳穴处汹涌，鼻腔及口腔中的黏液都已全部蒸发，难忍的口渴在折磨着他。每隔 10 分钟，就有一支体温表从狭窄的窗口塞进来。热负载测试还在继续进行。

"怎么样？是否需要降温？"医生关切的声音从室外传来。

"不，不要！"加加林坚决地回答。他没有发出要求停止测试的信号，尽管他感到全身疼痛。他了解自己，相信自己的毅力。他朝室内温度计瞟了一眼，水银柱在缓缓地向上爬升，最后停在 70℃ 上。这时，加加林已经在高温试验室中度过了 100 分钟。

温度还在上升。加加林坐在椅子上，双手抓住扶手，一种昏沉沉、迷迷糊糊的感觉向他袭来，他立即警觉了起来。

"不能这样，要坚持。"他竭力用各种方法来激励自己，分散自己的注意力，以驱散笼罩着他躯体的酷热。他想象着北方，冰冷的海洋，严寒的冬天；他追忆着家乡清澈凉爽的小溪，山中奔腾而下的瀑布。他感到周身似乎比刚才舒坦了一些。

水银柱已上升到 80℃。加加林仍咬紧牙关，痛苦地坐着。这时他眼睛疼痛，口腔干燥，舌头僵化，汗都蒸发了，但他坚信胜利一定属于自己。

试验最终停止了。当他缓缓走出高温试验室的时候，他微笑了。他知道他战胜了高温，战胜了自我。他离太空又近了一步。

正当加加林在宇航员训练中心为成为第一个遨游太空的人而进行各种特殊训练的时候，以科罗廖夫为首的苏联航天科学家们也在为载人航天计划做艰苦的努力。

经过 3 年多的奋斗，他们获得了大量的宇宙空间资料和试验数据，最终完成了"东方"

科罗廖夫与实验狗

号宇宙飞船的试验性飞行和回收。1961 年 3 月，前苏联先后两次成功地向太空发射了载狗和"模拟人"的"东方"号宇宙飞船，并全部安全返回地面。于是，前苏联政府作出进行载人飞行的决定。

4 月 8 日，清晨，科罗廖夫来到第一批宇航员的中间，他环视着每一位成员，最后把眼光落在加加林的脸上。

"加加林同志，历史把光荣而伟大的任务交给你，你将成为世界上第一位遨游太空的宇航员。""决不辜负苏联人民的重托！"加加林坚定地回答。

"发射和飞行不会很轻松，既要经受超重，又要经受失重的考验，还可能遇到我们未能预料的情况……"科罗廖夫语重心长地叮嘱着。"我已经作好了一切准备。请总设计师同志放心。"

科罗廖夫知道，加加林是可以信任的。他转过身去，指着远处的发射台对宇航员们说道："在那里，你们将开始人类征服太空的历程！"

就这样，科罗廖夫和加加林这两位征服太空的勇士一起登上发射台的平台，来到"东方"号宇宙飞船的跟前。他们默默地站在金属平台上，凭栏远望，面前展现出缀有绿色和黄色斑点的荒漠原野，高压电缆的线杆像巨人般屹立在原野上。

加加林抬起头来，望着天空。科罗廖夫捉住他的眼神，打破了沉默："你是一个幸运儿，我真羡慕你。你将从那么高的地方观察地球，从太空往下看，我们的地球一定很美……"

科罗廖夫把自己有力的双手放在加加林的肩上，说："但是你要记住：什么事都可能发生。不管发生什么事，我们都会竭尽全力援助你。祖国人民期待着你胜利的消息。"

1961年4月12日，历史翻开新的一页。人类在迈向宇宙的征途中跨出了伟大的一步。

春天的清晨，哈萨克大草原上仍然寒气逼人。一阵清风从加加林的脸上拂过，他睁开眼睛，望着窗外：天色已经破晓，虽然还没有一个地方泛出朝霞的红晕，但是东方已经发白。四周一切都看得见了，只见远处一枚巨大火箭正整装待发，屹立在草原的中央。

这时，嘹亮的军号声从窗外传来，回荡在加加林的心头。他迅速地站起身来，穿好衣服，开始了使他终身难忘的一天。

起床后，加加林做了例行的早操，然后是梳洗。早饭依然是装在软筒里的宇航食品：肉泥、黑醋栗果酱、咖啡。饭后医生对加加林的

哈萨克大草原

身体进行全面检查。检查结果表明他的身体状况良好，可以进行飞行。在人们的帮助下，加加林先穿上一件温暖而柔软的天蓝色工作服，然后套上桔红色的宇宙航行防护服。这种航天服是在早期高空加压服的基础上经改

进而制成的。当飞船在卫星轨道上运行时，万一船舱失去密封，航天服能够向人体提供压力，保证航天员的安全。同时，加加林开始检查装在航天服上的各种设备和仪器，最后把一个白色带耳机的飞行帽套到头上，再戴上密封头盔，头盔上写着 CCCP（"苏联"的缩写）4 个醒目的字母。

装有特殊设备的大轿车开过来了。加加林坐到"飞船式"座椅上，这个座椅很像飞船座舱里的那个舒适方便的座椅。他把汽车里的电源接到航天服中的通风装置，向航天服的通风装置输送氧气和电能。汽车载着加加林向飞船发射场地驰去，只见远处火箭的银色壳体像一座巨大的灯塔，在朝阳的辉映下，显得那样的明亮、清晰。汽车越驶越近，火箭变得越来越大，仿佛在不断地长高，直指向蓝天。

这是一个适合飞行的好天气。天空很晴朗，只有很远很远的地方有几片白云。迫不及待的情绪在增长着，人们怀着激动的心情，期待着一个伟大时刻的到来。

终于，载有"东方"号飞船的火箭发射前准备完毕。加加林走到了科罗廖夫等苏联有关领导人面前，庄重地说："报告：飞行员加加林乘'东方'号飞船作第一次宇宙航行准备完毕！"

加加林瞧了瞧眼前的飞船，再过一会儿他就要乘这艘飞船去作一次不平常的航行。他的心是紧张而激动的，他感到飞船是那样的美，胜过他曾经见到过的所有的美丽的东西。他为祖国的成就而感到骄傲，也为自己的幸运而自豪。

他走到座舱入口旁的铁平台上，向留在地面的人们挥手告别："让我们很快再见吧！"加加林说完转过身去，坐进了"东方"号飞船的座舱。

"东方"号飞船包括一个直径 2 米多的球形座舱和一个圆筒形的机械舱。座舱只能乘坐一名宇航员，它有 3 个观测舱口，配备有各种仪器仪表和一台电视摄像机。宇航员的座椅是弹射式的，可以在发生意外情况时弹射脱险，也可以在降落时弹射出飞船。在机械舱里有动力、驾驶、降落以及通讯设备和供氧设备等。

进入座舱后，加加林检查了通讯联络设备，驾驶台上的电门按钮位置，舱内压力、温度、湿度等。"出发准备完毕！"他向地面报告，然后静静地等待着起飞时刻的到来。

此时此刻,加加林的心情是不平静的。他带着人类的希望和地球的嘱托,踏上了光荣的征程。他仿佛闻到家乡春天原野的芬芳……

时针指到了莫斯科时间 9 点 07 分。在科罗廖夫的"发射!"声中,巨大的火箭载着"东方"号飞船和加加林,在火光、轰鸣、烟雾中腾空而起。

加加林在他写的回忆录《通向宇宙之路——苏联航天员札记》里记述了他当时的感受:

"我听到了啸声和越来越强的轰鸣,感觉到巨大的飞船的整个船体抖动起来,并且很慢很慢地离开了发射装置。轰鸣声并不比在喷气飞机座舱里听到的强烈,但是其中夹杂着许多新的音调和音色。

"超重开始增强了。我感觉到,有一种不可抗拒的力量越来越沉重地把我压到座椅上。尽管座椅的状态是最适当的,可以把压到我身上的巨大重量的影响减少到最低限度,但是手脚稍微动弹一下仍然是困难的。我知道,这种状态不会持续很久,只是在飞船进入轨道前不断加速时产生的。"

飞船上有短波发射机。加加林通过两个短波频率和一个超短波频率向地面不断报告他的工作情况,以及冲出大气层后观察到的地球表面的情况。他和地面指挥科罗廖夫始终保持联系,通话就好像面对面谈话那样清晰。

他兴奋地发现,整个世界已一览无余。"妙极了!我看到了大地、森林、河流和白云……"他向地面不断报告。

"东方"号飞船按预定时间和高度进入卫星轨道。这时,加加林处在一个奇妙的失重状态。失重,对地球上的居民来说,也许是一种奇怪的、不可思议的体验。

"在我身上这时发生什么变化呢?我从座椅上飘起来,悬在座舱的地板和天花板之间的半空中。当重力的影响开始消失时,我的全身

东方 1 号宇宙飞船

感觉舒畅极了。忽然，一切都变轻了。双手、双脚，以至整个躯体变得好像完全不是自己的。飞行图板，铅笔、小本子……所有没有固定的物件都飘起来了。从水管子里流出的水滴，变成了小圆珠，它们自由地在空中移动着，碰到舱壁时，便黏附在上面了，像是花瓣上的露珠一样。"

加加林在"东方"号飞船中表现得轻松自如，从容不迫。现在人们对此也许不会感到吃惊，可是当时加加林毕竟是第一个经受实际考验的人哪！他努力适应着失重状态的反应，在笔记本上做航行记录，监视着仪表，不时向舷窗外观望，向地面报告着观察情况。

"星星明亮而又光洁，太阳也明亮得出奇，它比我们在地球上看到的要明亮几十倍，甚至几百倍，连眯缝着眼也不敢看它。

"从飞船上看到的地球，看起来像个大圆球，色调浓艳，五彩缤纷，一个蔚蓝色的光环罩着地球。这条环带一点点加深，逐渐变成海蓝色、深蓝色、紫色，最后转变成浓墨般的黑色，非常美丽悦目。

"地球上的高山、大河、森林、星星点点的岛屿和曲曲弯弯的海岸线都很清楚。海洋暗暗的，有许多光斑闪烁着。"

加加林陶醉在这美妙的景色中，但他必须按预定的计划完成一系列记录和观察，然后返回地面。

"东方"号宇宙飞船的结构是复杂的，它依靠自动系统转动各种操纵杆，能使火箭不断修正方向，让飞船按预定轨道飞行。同时，加加林手中还有一套手控系统。只要一按电钮，飞船的飞行和降落就全部由宇航员本人操纵了。

莫斯科时间10点15分，当"东方"号宇宙飞船环绕地球一周飞近非洲大陆时，人类历史上第一次载人航天飞行就要结束了。"这个返回地面的阶段，可能是比进入轨道和在轨道上飞行更加重要的阶段。"加加林这样认为。他开始认真地做准备工作。

10点25分，制动装置在预定时间自动接通，飞船开始逐渐减速，离开卫星轨道，进入过渡的椭圆形轨道。当飞船进入稠密的大气层时，它的外壳迅速地变得炽热起来。透过遮盖着几个舷窗的鱼鳞隔热板，加加林看见了包围着飞船的熊熊大火和惊心动魄的紫红色反光。但是，尽管他置身于一个迅速下降的大火球里，座舱内的温度仍然只有20℃。

失重消失了，越来越厉害的超重把加加林紧压在座椅上。超重不断加强着，比起飞时要强烈得多。飞船开始不停地翻滚，但不久使加加林不安的翻滚停止了，往后的下降正常了。飞行高度不断地降低。1万米……9000米……8000米……7000米……下面伏尔加河像一条白练，闪闪发光。加加林立刻就认出了俄罗斯的这条大河，看清了它两岸的景色。

当加加林确知飞船一定会顺利到达地面时，他开始准备着陆。

"东方"号飞船的着陆，采用的是跳伞着陆的方法。在宇宙飞船上装备了弹射座椅，加加林在大约7000米的高空从飞船里弹射出来，然后与座椅脱离，用降落伞着陆。

10点55分，加加林和"东方"号飞船在飞绕地球一圈之后，顺利地降落在预定地区。一位乡村老妇人和她正在挤牛奶的女儿迎接了这位天外归客。

加加林首次遨游太空的成功使全世界的人们为之欢欣鼓舞。一时间，报纸、电台、电视台竞相报道有关这次宇宙航行的消息，加加林成了新闻人物，世界到处传颂着他的奇迹。

加加林纪念碑

月亮之上第一游

1969年7月16日，对人类来说是一个值得永远纪念的日子。这一天，肩负着载人登月重任的"阿波罗"11号飞船即将踏上光荣的征途。

午夜2时，佛罗里达半岛湿热而漆黑，但在通往肯尼迪航天中心的公路上却是车水马龙，络绎不绝。上百万来自美国和世界各地的游客和观众，纷纷汇集到航天中心所在地的梅里特岛。

清晨4时左右，登月探险的勇士阿姆斯特朗、奥尔德林和柯林斯按时起床，在进行了例行的健康检查后，开始用早餐。

银白色的"土星"5号火箭和"阿波罗"11号飞船巍然矗立在发射架上，在周围明亮的探照灯光的照耀下闪闪发光，好像是马上要去进行人类历史上具有划时代意义的探险活动。

三名勇士迈着矫健的步伐向火箭发射台走去，向"阿波罗"11号飞船走去。

登月三勇士

他们乘上电梯，上升到100米高处，跨进高高的人行栈桥，进入火箭顶部的飞船座舱。工程师们关闭了舱口，并细心地检查了舱口密封情况。控制中心里的气氛更加紧张起来了。

"2小时……1小时30分……"发射控制中心不停地报着数。在最后一小时里，要求报出每秒数。每个人都清楚地知道，哪一秒应该干什么事，到哪一秒结束。

离开发射场几千米外的看台上，早已云集着来自美国和世界各地的名人和记者。有美国前总统约翰逊，206名众议员，30名参议员，19名州长，49名市长，联邦最高法院的法官和政府的部长，69名外国大使，102名外国科技使节和武官，大约3000名记者，还有成千上万的游客和观众。他们全都意识到，自己将亲眼目睹一个重大历史事件的发生。

与此同时，远在1400多千米之外的休斯敦飞行控制中心，几百双眼睛也紧盯着仪表。通过这些仪表和屏幕，他们可以及时发现火箭和飞船里任何一点错误或事故的迹象。一旦火箭发射升空，所有的控制都将从肯尼迪角的发射控制中心转到这里。复杂的飞行控制工作由5台大型计算机来进行，它们随时存储有关宇航中的数据资料，并立即进行处理。发出各种指令。

3 分 10 秒！自动点火装置开始工作。"出发准备完毕！"从飞船指令舱传来了阿姆斯特朗的声音。"一切顺利，准备飞行！"地面指挥发出最后的指示。

"10……9……8……7……2……1——发射！"当地时间 9 时 32 分，绿色的按钮启动了，巨大的火箭腾飞了，"阿波罗" 11 号飞船带着人类的光荣与梦想向月球进发了！

当气势雄伟的火箭伴着隆隆的轰鸣声徐徐上升，冲向大西洋上空的时候，千百万人的眼睛也跟着火箭升腾。"飞吧，飞上天吧！"人们开始欢呼，开始跳跃，许多人掉下了热泪。"阿波罗" 11 号飞船在人们的掌声和欢呼声中加快速度，直冲云霄……

这时，休斯敦飞行控制中心的工作人员开始紧张起来，因为"阿波罗" 11 号的命运已全部掌握在他们的手中。发射后 2 分 15 秒，第一级火箭 5 个发动机中的一个停止喷射。本来直喷的火焰开始向旁喷射，宛如一把打开的伞。计算机指令火箭的制动装置工作，火箭为使自己飞向准确的方向，开始自动调节。

11 分 40 秒，第三级火箭第一次熄火。"阿波罗" 11 号飞船达到每秒 7.67 千米的速度，进入地球轨道。"'阿波罗' 11 号，你现在已进入地球轨道。请按照预定计划准备下一项工作。"休斯敦向宇航员发出指令。

"阿波罗" 11 号从肯尼迪航天中心发射起，到它进入地球轨道的过程中，地面上始终有一张巨大的监测网跟随着它。监测网包括 19 个地面跟踪观测站，4 艘雷达船和 8 架 CA－135 型飞机，它们随时将测得的飞船的各种数据通知休斯敦的飞行控制中心。控制中心再根据这些数据对"阿波罗" 11 号进行控制和指挥。

"我是休斯敦。'阿波罗' 11 号，飞船和火箭的制导装置已检查完毕，工作非常好。"

"真棒！"指令长阿姆斯特朗兴奋地说道，显然 3 名宇航员对这次远航的良好开端感到格外高兴。此时，他们已飞行在地球轨道上，可以脱下臃肿的太空服轻松一下了。在脱离地球轨道奔向月球前，还有大量的工作在等着他们，"阿波罗"11号飞船上的每个部分都得仔细检查，在这一过程中，休斯敦控制中心和宇航员之间频繁传递着消息和各项指令。

1小时后，"阿波罗"11号全部检查完毕。"一切正常！"对此，宇航员和控制中心都表示满意。

"'阿波罗'11号，一切顺利！一分钟内点火，向月球挺进！""是，点火。"

当然，此时飞船不能正对着月球飞，因为月球是不停地转动着的，飞船飞到月球要3天。如果现在就对准月球，那么3天后就不知要落到哪里去了。因此，飞船必须选择好脱离地球轨道时的角度和速度。就这样，第三级火箭第二次喷

阿姆斯特朗

射，带着飞船转动着脱离了地球轨道，随后升到一个新的高度。这时飞船已接近第二宇宙速度，它冲出地球的控制，按预定计划进入了奔月轨道。

到达月球的路程是38万千米，"阿波罗"11号是沿着环绕地球和月球的狭长椭圆形轨道的边缘飞行的，所以需要较长时间，即3昼夜多才能到达月球轨道。发射后3小时16分，按照休斯敦的指令，宇宙飞船和"土星"5号第三级火箭分离。这次第三级火箭是带着登月舱与飞船分离的，为的是把登月舱调换到前面去。

发射飞船的时候，指令舱在最上面，中间是服务舱，下面才是登月舱。指令舱上面有救生火箭（逃逸火箭），一旦出事可以靠救生火箭把指令舱带走。可是登月的时候，就得把登月舱放在前面了，以便宇航员通过指令舱与登月舱之间的通道进入登月舱。

指令舱驾驶员柯林斯掌握操纵杆，驾驶着飞船翻了一个大筋斗，转到了登月舱的后面，并甩掉指令舱和登月舱上的舱罩。然后，柯林斯把指令

舱的锥顶对准登月舱顶部的连接孔，慢慢靠近。距离越来越近，锥顶准确地插入登月舱的连接孔。孔的内壁和锥底的 3 个钩环牢牢地啮合在一起。接着，奥尔德林卸下登月舱和指令舱之间的封闭板，安置好电源电缆，使两者连成一体。整个对接过程，有点像火车机车与车厢的挂接，不过要复杂和危险得多。

飞船发射后 4 小时 10 分，第三级火箭完成它的使命，彻底和飞船脱离。飞船从第三级火箭中拖出登月舱，重新转变方向，使登月舱在前，指令舱居中，服务舱在后。

此时，"土星" 5 号火箭的使命已经全部完成，它顺利地把 "阿波罗" 11 号宇宙飞船送上了奔月轨道。在以后的航程中，"阿波罗" 11 号飞船只要依靠惯性，就可以到达绕月轨道，最后登上月球。

"阿波罗" 11 号奔向月球的航线是沿着一个椭圆形的轨道，从两侧包围月球。飞船在这样的轨道上，保持着惯性和引力的平衡。飞行速度随着远离地球而不断减慢，在远地点时最慢。

进入奔月轨道 6 小时后，"阿波罗" 11 号飞船距地球 8 万千米，速度也降到每秒 2.73 千米。这时飞船开始自转飞

"阿波罗" 11 号飞船

行。它一面沿轨道向月球挺进，一面缓缓地自转，每小时转 3 圈。这是因为在真空的太空里，向着太阳的一面温度很高，而背着太阳的一面却温度很低，两面的温差可达 200～300℃。为了不使金属外壳因受热不均匀而变形，所以必须使飞船保持一定的自转，以均匀地承受太阳的热量。

"阿波罗" 11 号飞船上有 4 个窗口，两个前窗，两个侧窗，另外还有一个封闭的舱窗圆形盖。飞船的自转使阿姆斯特朗、奥尔德林和柯林斯感受了一次从未有过的体验，每当向阳时，强烈的阳光便透过窗户照射进来，

反之则黑暗一片，在每一个小时内，他们实际上经历了三次日出和日落。

在第一天的飞行中，按照原定计划，要向地球作飞行后的第一次电视实况转播，让地球上的人们领略一下太空中的美丽风光。于是，柯林斯把摄像机对准美丽的地球。这时在电视屏幕上出现了东太平洋和美洲大陆的影像。美洲大陆的右侧夜幕已经降临，太平洋上蔚蓝色的海水波光粼粼，上面飘浮着朵朵白云。

在宇宙飞船的第一夜，指令长阿姆斯特朗和指令舱驾驶员柯林斯睡了7个小时，奥尔德林睡了5个半小时。在失重状态下，睡眠不用躺下，只要眼睛一闭就可以进入梦乡。

在休斯敦控制中心的呼叫声中，宇航员迎来了奔月飞行的第二天。

这一天，飞行中最重要的工作就是修正飞行轨道。"阿波罗"11号飞船在奔月轨道上行进，由于地球引力越来越小，月球引力越来越大，飞船飞行的实际轨道和速度同设计计算的会产生微妙的偏差，所以通过装在服务舱上的火箭发动机的喷射，可以修正飞船的航向，调整它的速度，纠正偏差。地面上则通过设在马德里、甜水港和金石城的3个26米长的蝶形天线的控制，可协助宇航员完成这项任务。经过1小时40分钟的轨道修正，轨道偏差减小到每秒0.15米以下，"阿波罗"11号又重新开始自转飞行。

这天晚上17点32分，在全美电视网预定的节目里，以每秒1337米的速度在太空飞行的"阿波罗"11号飞船向地球传送了第二次电视实况。

这次实况转播长达34分钟，详细介绍了指令舱里的情况。急切期待的电视观众，通过电视屏幕清楚地看到了宇航员们的太空生活。柯林斯在飞船的仪表架前慢慢地上下飘浮，表演着各种失重"舞蹈"；奥尔德林向电视观众解说了星图；阿姆斯特朗介绍了宇航食品及其吃法。3名宇航员轻松愉快的表情、清晰的录像和详细的介绍使全世界的电视观众为之兴奋不已。

电视实况转播结束之后，阿姆斯特朗、奥尔德林和柯林斯再次接受休斯敦航天中心医生进行的脉搏遥测检查。然后开始太空第二"夜"的休息。

这次他们比预定时间多睡了1小时。早上7时半左右，奥尔德林首先醒来，然后开始与休斯敦通话。

"休斯敦！我是'阿波罗'11号。'阿波罗'飞行情况怎么样？""您好，我是休斯敦。飞行情况一切正常，请过一会儿把污水排出舱外。"

这时，发生了一件很有趣的现象。原来"阿波罗"计划时期飞船上还没有厕所，宇航员的便溺是贮在舱内罐里的，过一段时间便通过管道排倒出舱外。可是在太空里，这些便溺立刻凝成粉状冰屑向四面射开去。就是这么一点点的力，所产生的反作用竟会影响宇宙飞船的飞行方向。当奥尔德林把污水排出舱外时，休斯敦立刻观察到飞船的自转飞行出现不均衡。

"'阿波罗'11号，飞船自转飞行有些不均衡，请停止排污。""明白。那么，我们改向飞船两侧各排一半污水吧。"

这以后，为了避免飞船自转飞行受到影响，宇航员排污时都采取在飞船两侧各倒一半的办法。

这一天，宇航员的主要任务是进入登月舱，检查舱内的各种设备，同时向地球作电视实况转播。留在指令舱内的柯林斯首先拍摄了阿姆斯特朗和奥尔德林打开连接指令舱和登月舱的舱口，通过连接孔，走进登月舱的情景。进入登月舱的阿姆斯特朗和奥尔德林又拍摄了在登月舱工作的情况。他们让人们依次观看操纵台上安装的许多仪表和雷达通讯装置、安装小型计算机的地方以及计算机指示盘和键盘等。1小时30分钟的电视节目结束后，阿姆斯特朗和奥尔德林仍留在登月舱内认真地检查着，他们的检查和准备工作超过了预定的时间。

经过3天3夜的太空飞行，"阿波罗"11号飞船已明显地感到了月球的引力。这种引力在不断增大，使飞船开始下降。当飞船通过地球引力和月球引力的中和点时，3名宇航员还在安然入睡。

第4天早晨，休斯敦控制中心开始呼叫。早起的奥尔德林总是最先回答地面上的呼叫，而柯林斯则总是最后一个起床。

进入绕月轨道，飞船必须减速，否则会从月球旁边一擦而过，不能进入轨道。减速依靠服务舱的发动机作逆向喷射，让反作用力拽住飞船的"后腿"，使飞船每秒钟减速800米，纳入月球的引力圈，从而绕月球运行。

这一过程地球上是看不到的，因为这时，飞船刚好飞到月球的背面，月球截住电波，把地球和飞船之间的联系阻隔了。为了保证这一过程完全准确，从上午8时30分起，3名宇航员花了将近5个小时检查每一个仪器和系统，做了相当细致的准备工作。同时，休斯敦控制中心汇总世界各地追踪基地：追踪卫星、追踪飞机、追踪舰船发回的数据材料，迅速计算出。"阿波罗"11号飞船进入绕月轨道的各项参数，然后发给宇宙飞船。奥尔德林和柯林斯复核这些参数后，由指令长阿姆斯特朗输入计算机。飞船上的操纵开关全部拧到自动位置，让计算机主宰一切。

在这紧张的时刻，休斯敦控制中心的控制大厅里一片肃静，所有的人都全神贯注地注视着前面的荧光屏，一面看着按计算得出的飞船飞行轨迹，一面焦急不安地盼着"阿波罗"11号的通讯信号重新出现。

在"阿波罗"11号飞船内，气氛同样紧张。阿姆斯特朗目不转睛地盯着计算机指示盘，奥尔德林不停地复述检查到的飞行数据，柯林斯则手推操纵杆，准备着万一计算机控制失灵好立即改由人工操纵控制。

转入月球背面8分钟后，服务舱发动机开始喷射，飞船速度不断减低。计算机立即计算出减低的速度和飞船离月面的高度，飞船的飞行速度减到与高度相平衡时，发动机熄火。整个过程持续了5分57秒，一切都相当顺利。当"阿波罗"11号飞船再次和休斯敦控制中心恢复通讯联系时，它已经是月球的"卫星"了。这时，无论是休斯敦控制中心，还是在飞船内，人们都长长地松了一口气。

绕月两周后，服务舱火箭再次逆向喷火，飞船速度进一步降低。在一整天的绕月飞行中，进行着登月的各项准备工作。在绕月第11圈时，阿姆斯特朗和奥尔德林进入了被称为"鹰"的登月舱。7月21日2时40分，鹰与母船分离，但只是稍稍分离，保持着随时可以对接的状态，等一切正常后，鹰开始进行独立飞行，母船将像月球的卫星一样，在绕月轨道上等待着鹰的归来。鹰启动下降火箭进入椭圆形的下降轨道。

鹰和地面指挥中心的计算机紧张地工作着，使鹰保持着正确姿势和准确的速度，减速、下降，离月面越来越近。最严峻的时刻到了。下降发动机、小型制动发动机、着陆精密调节发动机（这些都是火箭）准确的工作着，速度过快会与月面发生撞击，若损坏了下降段的着陆支脚，鹰将无法返回地球。宇航员十分紧张，地面指挥中心的人也坐不住了，双方频频联络。高度12200米、9000米……忽然计算机的红灯亮了——故障警报！出现了什么问题？还有几分钟就要着陆了，是继续下降？还是上升返回？指挥中心的人面色如土，紧张地查找原因，原来是计算机负担过重"罢工"了，于是地面指示宇航员"不要事事都问计算机"。红灯熄灭，有惊无险，人们互相鼓励着"沉着，沉着"，3000 米、900 米、150 米……。高度 120米，速度 2.7 米/秒；高度 105 米，速度 2.2 米/秒；高度 30 米，速度 1.05米/秒；高度 22.5 米，速度 0.15 米/秒……，着陆灯亮了，尘埃四起。清晨5 时 17 分 40 秒鹰在"广寒宫"平安着陆，成功了！

两个来自地球的人第一次来到月球作客，看到窗外的月亮，阿姆斯特朗和奥尔德林非常兴奋，他们的谈话声传到了地球："有各种各样的岩石，有的棱角突出，有的光滑，随着观察角度的变化岩石的颜色迥然不同。壁岩、碎石举目皆是，五彩缤纷各有特色。"

母船将在两小时后飞临鹰的上空，在这段时间内必须检查舱内的仪器是否正常？着陆点是否能长时间停留？宇航员的健康情况如何？如果不能停留，鹰将不失时机的起飞与母船对接。结果是：一切正常，按原计划进行。

鹰只能在月球上停留 22 小时，按计划宇航员应先睡眠、用餐，再出舱活动，考虑到需要完成的工作那么多，他们决定不睡觉、不吃饭，提前 5 小时出舱，指挥中心同意了他们的要求。电视实况转播时间要提前了，一时间全世界的电视台都忙作一团，乱作一片，万万不可失去这个实况转播机会。

阿姆斯特朗和奥尔德林忙着出舱的准备工作，宇宙服是否正常？维持生命系统是否能正常送氧气和冷却水？吸收二氧化碳的装置是否正常？月面没有空气，不能传播声音，必须检查联络用的通讯系统是否正常……哪一项出现问题，都将酿成悲剧。一切正常，准备出舱。千万不要以为将门向里一开就可以迈步出舱了！这可是在月球上，门外面是真空，舱内空气的压力紧紧地压着舱门无法打开。宇航员使用宇航服的呼吸系统后，开始将舱内空气抽出，当舱内压力降至地面大气压的 1/6 时，内侧舱门打开了，当压力降至 1/10 大气压时，通往月球的舱门打开了。

电视转播开始，上午 11 时 51 分，阿姆斯特朗站在舱外的门廊上，漆黑的太空，白光闪闪的月面，他身穿白色宇航服，沿着扶梯一阶一阶地退着走下来，他双腿并拢站在最后一级阶梯上。镜头转向月面，月面看上去像是由细小的颗粒组成，下降段的支脚已陷入 3~4 厘米，阿姆斯特朗用穿着月面靴的左脚蹭蹭月面，不陷也不滑，接着右脚也迈向了月面，离开了鹰。电视机帝的亿万人目不转睛的注视着阿姆斯特朗的每一个动作，能站得稳吗？能走吗？

1969 年 7 月 21 日 11 时 56 分 20 秒是具有伟大历史意义的时刻，人类第一次在地球以外的天体上踏上了足迹。人们听到了从月面传来的第一句话："对一个人来说这只不过是小小的一步，可是对人类来说却是一次巨大的飞跃！"

中国飞天第一人

2003 年 10 月 15 日 5 时 28 分。酒泉卫星发射中心航天员公寓问天阁广场。身着乳白色航天服的杨利伟迈着从容而稳健的步伐，向中国载人航天工程总指挥李继耐走去。

"总指挥同志，我奉命执行中国首次载人航天飞行任务，准备完毕，待命出征，请指示。中国人民解放军航天员大队航天员杨利伟。""出发！"随着总指挥庄重下达的命令，杨利伟大声答："是！"一个标准的军礼，定格在共和国的航天史册上。

这是一次英雄出征。这是一次伟大出征。这是杨利伟历经磨炼征服太空之旅。

43 岁的杨利伟出生在辽宁省绥中县。绥中靠近渤海湾，大海养育了杨利伟，同时也塑造了他刚毅质朴、沉静温雅的性格。儿时，面对蓝色的大海，他有一个梦想，希望有一天，能像海鸥那样，向着蓝天飞去。

1983 年，杨利伟考进了空军第八飞行学院。四年的刻苦学习和训练，他终于成了空军一名优秀的歼击机飞行员。儿时的梦想成了现实。

从此，他尽情地飞翔在蓝天。从华北飞到西北，从西北飞到西南，在祖国的万里蓝天上，处处留下了他矫健的身影……

1996 年的初夏，杨利伟接到通知，参加航天员初选体检。杨利伟没有想到，儿时的飞翔蓝天梦想，会飞得那样遥远，飞向了遥远的太空。杨利伟为这个梦想而激动。他说："航天员是个非常神圣的职业，自己特别希望能走进这支队伍。"

初检通过了，杨利伟又被安排到北京空军总医院参加临床体检。"我当时心里特别高兴，提前三天就去了。护士还和我开玩笑说：'你也太积极了吧！'"杨利伟回忆说："我当时太想加入这个队伍了！"

一脸笑容的杨利伟

然而，加入这个队伍并不是容易的。航天员的选拔近乎"苛刻"，要"过五关斩六将"。医学临床检查，要对人体的几十个大大小小的器官逐一检查。航天生理功能检查，被人们形象地称为"特检"：在离心机上飞速旋转，测试受试者胸背向、头盆向的各种超重耐力；在低压试验舱测试受试者上升到5000米、1万米高空时的耐低氧能力；在旋转座椅和秋千上检查受试者前庭功能；进行下体负压等各种耐力测试。几个月下来，886名初选入围者已所剩无几。

杨利伟的临床医学和航天生理功能各项检查的指标都达到优秀。1998年1月，他和其他13位空军优秀飞行员一起，成为中国第一代航天员。

2003年7月，杨利伟经载人航天工程航天员选评委员会评定，具备了独立执行航天飞行的能力，被授予三级航天员资格。

2003年10月15日晨，杨利伟进入飞船，按照规定程序有条不紊地进行着发射前的各项检查。

8时59分，0号指挥员下达了"1分钟准备"的口令。火箭即将点火。指挥大厅里充满紧张气氛，许多观看飞船发射的人，紧张得连大气都不敢出。一切在瞬间仿佛凝固了。

杨利伟在飞船内安稳地目视着前方，静静地等待着那辉煌一刻的到来。医学监视仪器显示，杨利伟的心率：76次/分。据国外有关资料显示，发射前航天员因为激动或紧张，心跳一般都要加快，有的达到 140 次/分。

指挥大厅里传出了清晰的口令：10、9、8、7、6……这时，屏幕上出现杨利伟向大家敬了一个标准军礼的画面。全场顿时掌声雷动。

飞船起飞了。飞向了太空。从飞船的舷窗往外望去，杨利伟看到了深邃而美丽的太空。他激动地告诉大家："我看到美丽的太空了。"

这时，大家想起了一个故事。发射前，杨利伟参加飞船模拟发射演练。按照飞行程序，飞船起飞后 3 分 20 秒左右，罩在座舱外的"整流罩"将被抛除，航天员在此时可以看见舷窗外的天空。但在演练时，这只能是一种想象中的景况，不会实际发生。因此，指挥大厅里的老总们谁也没料到航天员在此时会有什么反应。

此刻飞船座舱内的杨利伟在一丝不苟、忙而不乱地做着各种规定动作。程序刚刚走到 3 分 20 秒，指挥中心大厅里传来杨利伟响亮的报告声："整流罩抛除，我看到窗外的天空了！"

专家们惊讶地问航天员系统总指挥兼总设计师宿双宁："你们的航天员训练得这么好，连这都知道？"宿双宁自豪之情油然而生："开玩笑，你都知道，他还能不知道？！"为了这个"都知道"，杨利伟付出了太多的艰辛和巨大的努力。

"神舟"五号飞船发射准备阶段，经专家组无记名投票，杨利伟以其优秀的训练成绩和综合素质，被选入"三人首飞梯队"，并被确定为首席人选。

杨利伟全身心地投入了"强化训练"。"飞船模拟器"成了杨利伟的"家"。飞船模拟器是在地面等比例真实模拟飞船内环境、对航天员进行航天飞行程序及操作训练的专业技术训练场所。飞船从发射升空到进入轨道，再调姿返回地球，持续时间几十个小时甚至上百个小时，飞行程序指令上千条，操作动作有 100 多个。舱内的仪表盘红蓝指示灯密密麻麻，各种线路纵横交错，各种设施星罗棋布。要熟悉和掌握它们，并能进行各种操作和故障排除，只有靠反复演练。

于是，杨利伟把能找到的舱内设备图和电门图都找来，贴在宿舍墙上，随时默记。他还用小型摄像机把座舱内部设备和结构拍录下来，输入电脑，刻制了一个光盘，业余时间有空就放着看。

他自信地告诉记者："现在我一闭上眼睛，座舱里所有仪表、电门的位置都能想得清清楚楚；随便说出舱里的一个设备名称，我马上可以想到它的颜色、位置、作用；操作时要求看的操作手册，我都能背诵下来，如果遇到特殊情况，我不看手册，也完全能处理好。"

后来，在5次正常飞行程序考试中，他取得了2个99分、3个100分的好成绩，专业技术综合考评排名第一。

正因为杨利伟对飞船飞行程序和操作程序烂熟于心，在21小时23分钟的飞天之旅中，他的全部操作没有出现一次失误。

飞船进入了太空轨道。这时，杨利伟突然感觉到身体似乎要飘了起来，他清醒地意识到，飞船已经脱离地球引力，来到了太空。在他还来不及体验失重的奇妙感受时，就觉得好像头朝下脚朝上，十分难受。他意识到这是在太空失重状态下出现的一种错觉，如果不及时克服，就很可能诱发"空间运动病"，影响任务的完成。他用平时训练的方法，凭着顽强的意志，强迫自己在意识上去对抗和战胜这种错觉，很快就调整过来，恢复了正常。

飞船在飞行。舷窗外，阳光把飞船太阳能帆板照得格外明亮，那下边就是人类的美丽家园。蔚蓝色的地球披着淡淡的云层，长长的海岸线在大陆和海洋间清晰可辨。

飞船绕着地球90分钟一圈高速飞行。一会儿白天，一会儿黑夜。黑白交替之间，地球边缘仿佛镶了一道漂亮的金边，景色十分迷人。杨利伟拿起摄像机，赶紧把这壮观的景色拍摄下来。他不由得从心里腾升起从未有过的强烈自豪感，为中国人飞上太空感到骄傲。他郑重地在飞行手册上写下了："为了人类的和平与进步，中国人来到太空了！"

2003年10月16日6时28分，"神舟"五号在绕地球14圈后，在内蒙古中部阿木古朗草原地区安全着陆。

飞船总设计师高度评价杨利伟的太空飞行："不是一般的成功，而是非常成功；不是一般的完美，而是特别完美。"国外媒体和航天员同行也一致认为，这是一次完美的飞行。

虽然中国载人航天工程起步较晚，但并不是从"加加林"时代的飞船起步：先搞无人飞船，再搞单人飞船，最后才是多人飞船，而是一步迈过美苏的 40 年发展历程，实现了跨越式的发展。"神舟"飞船第一步就可载三人；第一次载人飞行，前苏联加加林只绕地球飞行一圈，而中国航天员却在近地轨道飞行了一天。国外载人飞船是从搭载小动物开始试验航天员环境控制与生命保障系统的，我国则采用了先进的现代装置——模拟假人，模拟"航天员"所消耗的氧气与二氧化碳，通过先进的地面医监台测试"航天员"的生理信号变化。

杨利伟出舱

"神舟"飞船适用性强，可一船多用，飞船轨道舱既能进行留轨对地观测，又能作为未来空间交会对接的一个飞行器。国外发射飞船一次是连续发射两艘，而我国的方案中是先发射一艘，其留轨舱与下一个飞船进行交会对接。如此以来我国发射的飞船总数量就少于国外，既节省了巨额的发射费用，又可利用空间留轨开展科学试验。中国走着一条低成本、高效益的载人航天发展道路。

我国"神舟"飞船的起飞质量和座舱最大直径，都远远大于美国"水星号"和前苏联"东方号"。"神舟"飞船与 20 世纪 90 年代国外的先进载人飞船相比，从再入方式、着陆精度和再入过载峰值等指标上大致与联盟 TM 飞船相当，并为航天员的工作和生活创造了更为舒适的环境。

"神舟"五号载人航天飞船飞行成功，是一次质的飞跃，标志着中国真正成为"太空技术大国"。